U0831117

国网浙江省电力有限公司
电力专业技术人员职称评审手册
电力工程技术专业

国网浙江省电力有限公司温州供电公司　编

中国电力出版社
CHINA ELECTRIC POWER PRESS

图书在版编目（CIP）数据

国网浙江省电力有限公司电力专业技术人员职称评审手册. 电力工程技术专业 ：2024 年版 / 国网浙江省电力有限公司温州供电公司编. -- 北京 ：中国电力出版社, 2024. 11. -- ISBN 978-7-5198-9072-8

Ⅰ. F426.61

中国国家版本馆 CIP 数据核字第 2024F05X68 号

出版发行：中国电力出版社
地　　址：北京市东城区北京站西街 19 号（邮政编码 100005）
网　　址：http://www.cepp.sgcc.com.cn
责任编辑：雍志娟
责任校对：黄　蓓　朱丽芳
装帧设计：郝晓燕
责任印制：石　雷

印　　刷：三河市航远印刷有限公司
版　　次：2024 年 11 月第一版
印　　次：2024 年 11 月北京第一次印刷
开　　本：710 毫米×1000 毫米　16 开本
印　　张：6.75
字　　数：89 千字
印　　数：0001—1000 册
定　　价：55.00 元

版 权 专 有　侵 权 必 究

本书如有印装质量问题，我社营销中心负责退换

国网浙江省电力有限公司电力专业技术人员职称评审手册

电力工程技术专业

（2024 年版）

编　委　会

主　任　吴俊健

副主任　陈　哲　周泰斌　高　策　王　瑜　林国松

委　员　陈凌晨　徐丝丝　黄立挺　陈丽园　吴宝兴

主　编　王从波

副主编　俞　磊　陈　哲　周泰斌　陈凌晨　徐丝丝

成　员　周心怡　徐亚乐　童珊珊　张剑勋　吴红轩

曹望舒　夏海滨

前　言

职称评审是指对职业人员的职称进行评定和认定的一种制度。职称评审对企业的意义非常重大，它不仅可以提高企业的整体素质和竞争力，还可以激励员工的积极性和创造性，促进企业的发展和进步。通过职称评审，企业可以筛选出具有专业知识和技能的高素质人才，这些人才不仅能够为企业带来更高的效益和利润，还能够提高企业的整体竞争力和市场占有率。同时，职称评审是一种对员工能力和业绩的认可和肯定，它可以激励员工不断学习和提高自己的专业技能，增强员工的自信心和责任感，提高员工的工作积极性和创造性。

因此，为进一步提升公司职称评审工作管理规范，提高公司广大职工职称评审工作开展的及时性和有效性，公司组织专业人员编写了电力工程技术专业职称评审申报指导手册，手册从不同职称等级申报原则、申报资格、评审方式、评审流程、职称考试、系统操作说明等方面进行了详细整理。

本指导手册在编写和审核过程中，得到公司相关人员的大力支持，在此深表感谢！鉴于编写人员水平和时间有限，难免有疏漏、不妥或错误之处，恳请大家批评指正，以便不断修订完善。若内容与上级发布的最新规程、规定有不符之处，应以上级最新的规程或规定为准。

目 录

前言

第一章 中级职称评审申报……1

第一节 申报原则……1

第二节 申报资格……1

第三节 评审方式……6

第四节 评审流程……8

第五节 长期在岗职工系统操作说明（以 2021 年度申报为例）……11

第六节 产业单位聘用职工系统操作说明……31

第二章 副高级职称评审申报……50

第一节 申报原则……50

第二节 申报资格……50

第三节 职称考试……56

第四节 评审方式……57

第五节 评审流程……60

第六节 系统操作说明……62

第三章　正高级职称评审申报……81
第一节　申报原则……81
第二节　申报资格……81
第三节　评审方式……86
第四节　评审流程……87
第五节　系统操作说明……89

第一章

中级职称评审申报

第一节　申　报　原　则

1. 公司具备电力工程技术专业中级职称评审权，申报者需参加公司统一评审，通过其他机构评审取得不予确认。

2. 申报人员应为本单位在职专业技术人员，退休人员不得申报职称。

3. 外单位调入人员，其职称若为具有职称评审权的单位评定或认定的，予以承认；否则，需履行职称评定工作程序，重新评定。

第二节　申　报　资　格

系列	职称名称	学历要求	年限要求					绩效考核	继续教育	评定方式	文件依据
			大专	本科	双学士	硕士	博士				
电力工程系列	工程师	大学专科及以上学历（理工科）	取得助理级职称后本专业年限满4年		取得助理级职称后本专业年限满2年	取得助理级职称后本专业年限满2年（学制不满2年的国外硕士需满3年）	认定：入职当年	近三年绩效考核结果均为C级及以上	继续教育学时（学分）达到规定要求	业绩积分+考试	国家电网企管〔2022〕508号文件附件1《国家电网有限公司职称评定管理办法》

补充说明：

（一）时限要求

计算现有职称取得年限、业绩成果取得时间或从事专业技术工作年限的截止时间，均为职称申报年度的 12 月 31 日。

（二）学历要求

1. 一般需同时具备理工科专业学历和**工程技术工作经历。**

2. 非理工科专业学历，需取得 2 门及以上大专层次专业对口的专业课程自学考试单科结业证书，或华北电力大学电气工程专业课程研修班结业证书可参加中级职称评审。

3. 技能人员申报电力工程技术专业中级职称：技工院校高级工班、预备技师（技师）班毕业，可分别按相当于大专、本科学历申报。

4. 确实经过中央党校、各省（市、区）党校和境外院校规定学时、课时的学习（有学籍档案），所取得的学历、学位与国民教育学历具有同等效用，在职称评定中应予以承认。

（三）工作年限要求

规定年限是指在取得规定学历的前提下，申报评定相应级别职称必须具备的本专业年限和现职称后本专业年限。“本专业年限”是指截止申报年度 12 月 31 日，本人参加工作后所从事的与申报系列一致的专业技术工作累积年限之和。“现职称后本专业年限”是指截止申报年度 12 月 31 日，取得现职称后所从事的与申报系列一致的专业技术工作累积年限之和。

1. **转系列申报。**员工工作调动或岗位调整，可申报现岗位专业对应的职称，即“转系列申报”。转系列申报同一级别职称为**“同级转评”**，转系列申报高一级别职称为**“转系列高报”**。

（1）同级转评：具备理工科专业学历和工程技术工作经历但现职称为非工程系列，从事所转申报专业满 2 年。

（2）转系列高报：具备理工科专业学历和工程技术工作经历但现职称为非工程系列，需满足所转系列相应级别的年限（大专、本科满 4 年；双学士、硕士满 2 年）要求。

2. **转业军人和原公务员，**属于首次参加职称评定的人员，需严格执行规定学历前提下的“本专业年限”：大专毕业后（含后续学历，下同）满 7 年、本科毕业后满 5 年，可直接申报评审中级职称。

3. **技能人员，**在工程技术领域生产一线技能岗位工作、具有**理工科学历**、符合工程系列学历层次要求且取得现从事专业相应技师资格的员工，在取得技师资格后且从事技术技能工作满 3 年，可申报电力工程中级工程师。

4. **疫情防控**一线专业技术人员**可提前一年**申报中级职称；获得省部级及以上表彰奖励，**可破格申报高一级**别的职称。

注：疫情防控一线工作情况相关证明及奖励仅 2020 年、2021 年、2022 年有效。

注：公司抗疫一线人员主要指参与抗疫重大项目建设（如雷神山、火神山、方舱医院等电力设施建设、改造及保电工作）、进驻疫情隔离区救护（入赴武汉医疗救护、国外专援）、重要科技项目研发（如疫病防治、疫苗生产关键核心技术研究等）人员。

注：疫情优惠政策不适用于技工院校学历人员和用于申报转系列评审。即疫情优惠政策仅破格年限不破格学历。

5. **援藏援疆援青**人员职称申报参照国家相关规定执行。

注：援即援派期间工作可算作本专业（申报专业）工作年限计入。

注：**援藏援疆援青**人员申报政策遵循保密制度，该类人员申报请咨询上级。

（四）主要贡献要求

取得助理工程师资格后，在直接参加完成的工作中，做出以下贡献之一者：

1. 完成国家或地方项目的可行性研究、设计、施工或调试，通过审查或验收。

2. 完成国家或省（部）级重大科技项目，或引进项目的消化、吸收，有一定的创新性。

3. 完成有一般技术难度的技术项目（包括制定技术标准、技术规范、新产品开发、新技术推广等），经验收认定取得一定的社会效益和经济效益。

4. 完成的项目获得一项省（部）级科学技术进步奖或二项网（省）局级科技进步（成果）奖，或优秀设计、优质工程等专项奖。

5. 提出科技建议，被有关部门采纳，对科技进步和专业技术发展有促进作用。

6. 在生产中，能保证安全经济运行；在设计、施工、设备检修或修造中，能保证质量、缩短工期和节约投资，经实践检验取得一定的技术经济效果。

（五）作品成果要求

取得助理工程师资格后，撰写下列技术报告或论著之一者：

1. 撰写过本人直接参加工作的正式技术报告。要求主要数据齐全、准确、文字通顺，结论正确，具有一定的学术水平或实用性。

2. 独立或作为主要撰写人在省（部）级及以上组织的专业学术会议上、或在国家批准出版的科技刊物上发表过本专业有关的论文；或在内部发行的刊物上发表过两篇及以上本专业有关的论文。

3. 作为参加者，出版过一本学术、技术专著或译著。

4. 作为执笔者，参加过不少于 10000 字的教材或技术手册的编写工作。

5. 参加制定或修改有关规程、技术规范、导则、规章等的编写工作。

（六）分支专业要求

申报者选择申报评定的专业一般应以本人所从事的专业及所取得的业绩为依据，并对照相应专业《评审条件》《评定标准》的专业划分自主确定。

“电力工程技术人员”包括从事发电、输电、变电、配电、用电、电网技术、电力环保、电力标准化、电力信息技术等电力工程的**科学研究、规划设计、施工建设和生产运行**的专业技术工作人员。具体分为四类专业，**热能动力工程专业，水能动力工程专业，输配电及用电工程专业，电力系统及其自动化专业**。

分支专业	从事专业
热能动力工程专业	包括**锅炉**、汽轮机、燃气轮机、热工过程控制及其仪表、供热与制冷、火电厂建筑与安装、物料输送、金属与焊接、火电厂化学、火电厂环保、火电厂劳动保护、新型发电技术及其他与热能动力工程有关的专业。
水能动力工程专业	包括水能利用（含水库）、工程地质、水文泥沙、水工建筑物、水力机械、金属结构、**水电厂自动化**、水电工程环保、风能发电技术及其他与水能动力工程有关的专业。
输配电及用电工程专业	包括发电机、电动机、变压器、绝缘技术、高低压电器设备、输电线路和变电站、电磁环境、配电与用电系统及控制、电气测量技术、电能质量管理及其他与输配电及用电工程有关的专业。
电力系统及其自动化专业	包括电力系统规划、电力系统运行与分析、电力系统自动化、继电保护及安全自动装置、电力系统通信及其他与电力系统及其自动化有关的专业。

对于一些不易归属的专业，可按如下规定掌握：

1. 各科研院以调试为主和地市公司设计所（室）的工程专业技术人员，可按所从事专业申报“电力工程”生产运行的相应专业。

2. 科研院从事规划设计的工程专业技术人员可按所从事专业申报“电力工程”规划设计的相应专业。

3. 工民建等专业可申报“电力工程”施工建设的相关专业。

4. 从事电力系统通信、计算机应用等专业的工程技术人员，申报职称时根据所服务的对象（专业）确定申报专业，中级职称考试专业可选择“电力数字及信息通信技术”。

（七）继续教育要求

根据《国家电网有限公司专业技术人员继续教育管理规定》（国家电网企管〔2021〕70 号），专业技术人员申报职称需满足继续教育学时要求，职称认定前 1 年和评定前 3 年的继续教育年度学时不达标的，不得申报。

年度继续教育时间不少于 90 学时，其中，专业科目不少于 60 学时，且必修公需课目不少于 10 学时、必修专业科目不少于 20 学时。部分专业科目学时可通过其他形式折算获得，折算标准按照《专业技术人员继续教育专业科目学时折算标准》执行。

（八）费用要求

国网人才中心统收统支。

1. 报名费。200 元/人。申报同一专业、同一级别职称按一次性收取。复审未通过（未达标）和评委会评审未通过人员，报名费自动转入下一年度。

2. 评审费。500 元/（人·次）。

第三节　评　审　方　式

依据中级职称评定标准，采取业绩积分和专业与能力考试方式综合进行评定，“业绩积分”与“专业与能力考试成绩”（以考试代替评委会评审）

按 6:4 比例加权确定评定总分。

（一）中级业绩积分

业绩积分主要包括专业理论水平积分、主要贡献积分、作品成果积分、水平能力积分、申报人员所在单位评价积分 5 部分积分，系统将自动给出申报者各项实际得分及其实际总积分。

评价指标	最高分	达标分数要求	备注
专业理论水平	20 分	—	1. 硕士（含学制满 2 年的国外硕士，下同）或取得学制不满 2 年的国外硕士后满 3 年且专业对口（含双学士且专业均对口）20 分； 2. 本科且专业对口、硕士（含学制满 2 年的国外硕士）或取得学制不满 2 年的国外硕士后满 3 年但专业不对口、双学士（单一专业对口或两个专业均不对口）15 分； 3. 大专且专业对口以及本科但专业不对口 10 分
水平能力	12 分	—	外语水平合格 4 分，不合格 0 分；计算机水平合格 8 分，不合格 0 分
主要贡献	46 分	18 分	包括资格后业绩情况、获奖情况等业绩成果、角色、奖项级别等级对应分值
作品成果	12 分	6 分	包括论文、著作、译作、技术报告等作品类别、角色排名对应分值
单位评价	30 分	—	包括政治表现＋申报人主要工作经历和能力
实际总积分	120 分	—	专业理论水平＋水平能力＋主要贡献＋作品成果＋单位评价
加权总积分	120 分	—	实际总积分与加权总积分的区别在于，是否包含了“政治表现、职业道德”、是否符合“规定学历前提下的规定年限”等 3 个评价因素。若三者均为“是”，则加权总积分等于实际总积分；若三者有一项为“否”，则加权总积分为 0。其中，“政治表现、职业道德”由所在单位评价；“规定学历前提下的规定年限”以“在线积分评定系统”计算为准

（二）专业与能力考试

专业与能力考试，指加权总积分达标者参加的考核其专业工作应具备的综合知识能力的统一考试。专业与能力考试将依据各系列《评审条件》中“专业理论水平要求”和“工作经历和能力要求”相关条款，按知识类和能力类2部分设计考卷；考试组织工作由国网人才中心统一负责，具体考务工作委托第三方考试服务机构实施。

1. 考试内容。专业与能力考试内容将依据相应系列《评审条件》中“专业理论水平要求”和“工作经历和能力要求”且通过业绩积分不好界定的、且必须掌握的综合知识与综合能力等原则进行确定；按知识类和能力类2部分且各占一定比重设计考卷。知识类主要考查与申报专业相关的通用基础理论知识、专业知识，以及电力与能源战略、企业文化、相关管理规章制度等；能力类主要考查从事相应专业技术工作所应具备的综合能力。

2. 考试时间与考题类型。专业与能力考试时间为150分钟。参考人员在考前登录电力人力资源网“职称申报系统”，自行打印准考证。参加考试时必须携带本人身份证和准考证到指定考场参加考试。考题类型全部为客观题，由单选、多选和判断等题型组成，满分100分。

注：教材订购网址：电力人力资源网（外网：www.cphr.com.cn）“考试报名及教材订购平台”。

第四节　评　审　流　程

（一）网上申报

1. 网上报名。长期在岗职工登录“国家电网人力资源管理信息系统2.0”，填写报名信息。网址：hr.sgcc.com.cn（内网）。产业单位聘用职工登录“国网人才评价中心职称管理系统”，进入“2023年职称申报专栏”，填写报名信息。网址：portal.cphr.sgcc.com.cn（内网）；www.cphr.com.cn（外网）。

2. 信息填报。填写个人真实信息，上传本人近期免冠证件标准照片和各类佐证材料扫描件。按照系统提示，确认符合申报条件再交纳**报名费**。

3. 数据提交。申报者在系统内将数据提交至上级“申报单位”。

4. 准备初审材料。申报者在数据提交后，打印《职称申报初审表》《职称申报公示表》《材料清单》《主要贡献鉴定意见表》《作品成果鉴定意见表》《所在单位评价意见表》各 1 份。申报者将相关报表连同与所录入内容相对应的佐证材料的原件及复印件，送所在单位人事部门审查。

注：申报者需在申报时提交全部申报材料。各单位在复审工作开始后，以及整个评审过程中，任何人不得再补交材料。

5. 所在单位初审公示。所在单位人事部门对申报者提交的《职称申报初审表》《职称申报公示表》、佐证材料进行审核。对申报者的水平、能力、业绩进行鉴定评价，在《鉴定表》《评价表》上选择填涂、签字盖章后扫描。《职称申报公示表》公示 5 个工作日后，人事部门在《职称申报初审表》上签字、盖章，在业绩佐证材料复印件上盖章（原件退还本人）后，将扫描件报送至申报单位（地市公司级单位）审核。

6. 申报单位审核。申报单位对上报的初审材料及系统中数据进行审核。将鉴定、评价结果分别录入到主要贡献、作品成果、单位评价模块中，上传鉴定及评价意见表扫描件并系统提交至主管单位（省公司级单位）。

注：申报者需在申报时提交全部申报材料。各单位在复审工作开始后，以及整个评审过程中，任何人不得再补交材料。

7. 主管单位审核。各主管单位需登录系统对数据进行**复审**。审核确认后将数据提交至国网人才中心。

8. 在线查询复审结果。系统按统一规范的程序和积分标准，计算出申报者加权总积分。国网人才中心进行汇总审核。申报者可登录系统查询复审结果，查看各项积分结果。同时，复审结果将在系统上进行公示。

9. 完成“职称申报”。积分达标人员，通过支付宝或农业银行平台网上支付**评审费**，系统显示“已交费”状态后，在规定时间内打印“准考证”，即完成“职称申报”工作。交纳评审费超过时限，视为自愿放弃当年评审资格。

（二）评审阶段

加权总积分达到满分60%的，进入专业与能力考试阶段。考试由国网公司统一组织。**专业与能力考试内容。**专业与能力考试内容按知识类和能力类2部分且各占一定比重设计考卷。知识类主要考查与申报专业相关的通用基础理论知识、专业知识，以及电力与能源战略、企业文化、相关管理规章制度等；能力类主要考查从事相应专业技术工作所应具备的综合能力。**考试时间与考题类型。**专业与能力考试时间为150分钟。参考人员登录“国网人才评价中心职称管理系统”打印准考证。考题由单选、多选和判断等题型组成，满分100分。

（三）公开审查阶段

申报者“加权总积分”与“专业与能力考试”成绩加权后，评定总分达到70分且考试分数达到60分即为评审通过。评审通过名单国网公司公示5个工作日。

（四）发文认证阶段

国网人才中心印发职称通过文件、制发职称证书并将通过职称评定名单转入“历年职称备查库”。待正式发文后，各申报单位需通过系统打印《职称评定表》2份，在相应栏目签字、盖章，并归档。

第五节 长期在岗职工系统操作说明（以 2021 年度申报为例）

（一）登录及报名

正确选择专业系列，根据本人岗位和业绩选择分支专业。与现职称资格专业方向一致，并根据满足申报条件项对应选择申报方式。

① 申报级别：中级

② 专业系列：电力工程

③ 分支专业：根据本人岗位和业绩选择分支专业，与现职称资格专业方向一致。一般都选择生产运行–输配电及用电工程，继电保护、电力调控、电力通信选择生产运行–电力系统及其自动化。

④ 申报方式：含正常申报、同级转评、转业军人、公务员、技能人员申报职称五类。

正常申报：正常晋级申报（含转系列高报）。如：助理工程师→工程师；助理政工师→工程师。

同级转评：其他系列中级职称转评为工程师。如：政工师→工程师。

技能人员申报职称：技能人员仅能申报电力工程工程师。如：技师→工程师。

（二）信息填报

1. 基本情况

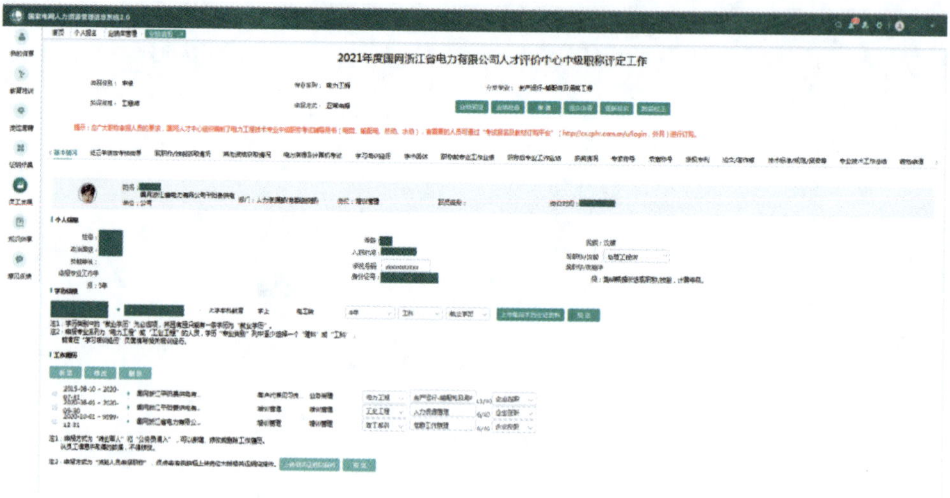

▲根据岗位信息正确选择专业和填写从事专业。每条都需填写，包括专业系列、从事专业、工作类别，否则申报专业工作年限无法正确显示。

注：学历证书等审核需注意：系统要求上传原件扫描件，如原件丢失，则需所在单位人资部盖章签字后上传即有效。

2. 近三年绩效考核结果

▲系统自动导入近三年的绩效结果。若缺少数据，可点击“新增”维护添加。

3. 现职称/技能等级获取情况

▲系统自动导入现职称/技能等级获取情况，根据申报条件选择对应的证书（助理级或技师证书），并上传附件。

注：各类证书：职称证书审核需注意：系统要求上传原件扫描件，如原件丢失，则需所在单位人资部盖章签字后上传即有效。

4. 其他资格获取情况

▲这里仅录入“注册类工程师”证书。若无则不用填写。

注：各类证书：资格证书等审核需注意：系统要求上传原件扫描件，如原件丢失，则需所在单位人资部盖章签字后上传即有效。

5. 电力英语及计算机考试

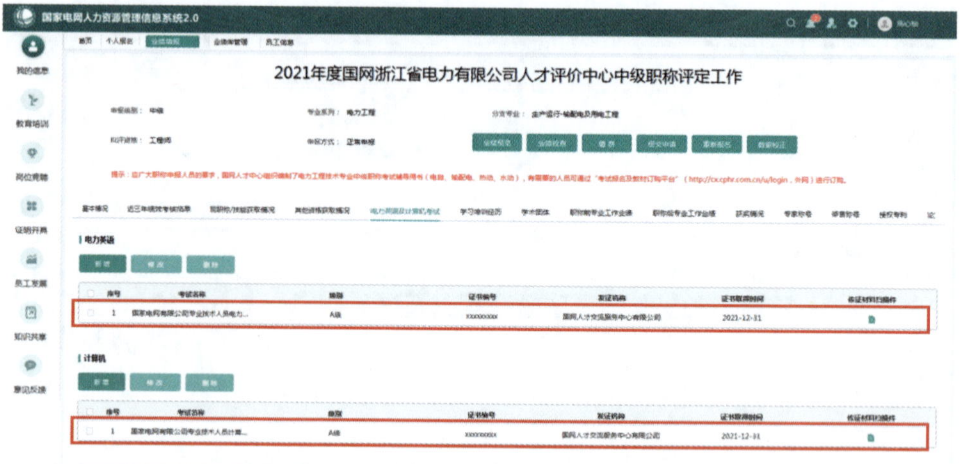

▲正确输入电力英语或计算机的证书信息并按要求上传佐证材料。各类证书审核需注意：系统要求上传原件扫描件，如原件丢失，则需所在单位人资部盖章签字后上传即有效。

注：自 2016 年度职称申报开始，英语、计算机考试成绩不再作为申报必备条件，但仍作为职称评定的水平能力标准之一。自 2020 年度开始，电力英语和计算机的考试免试条件取消，仅国网的电力英语、计算机水平考试成绩有效。

国网电力英语证书分为 A、B、C 三个等级，均适用于申报中级职称。

有效期分别是 A 级 4 年和 B、C 级 3 年（截止日为取证的对应年限年底）。

国网电力计算机证书分为 A、B 两个等级，均适用于申报中级职称。有效期分别是 A 级 4 年和 B 级 3 年（截止日为取证的对应年限年底）。

6. 学习培训经历

▲适当填写学习培训经历条数，包括后续学历教育、专业培训等。

▲自学考试结业证书、华北电力大学电气工程专业课程研修班结业证书均在该模块录入。

注：学历证书、培训证书等审核需注意：系统要求上传原件扫描件，如原件丢失，则需所在单位人资部盖章签字后上传即有效。

7. 学术团体

8. 职称前专业工作业绩

▲取得现职称之前的业绩。职称前专业工作业绩要与工作经历对应写，按要求对应填写工作业绩（主要填写与申报专业相符的业绩）。

▲项目成效：上限300字。建议格式为角色＋项目内容＋本人作用＋结论，从创新性、影响力、经济效益、收益成果角度写结论。

佐证上传要求：专业部门盖章的证明页面及证明材料。

9. 职称后专业工作业绩

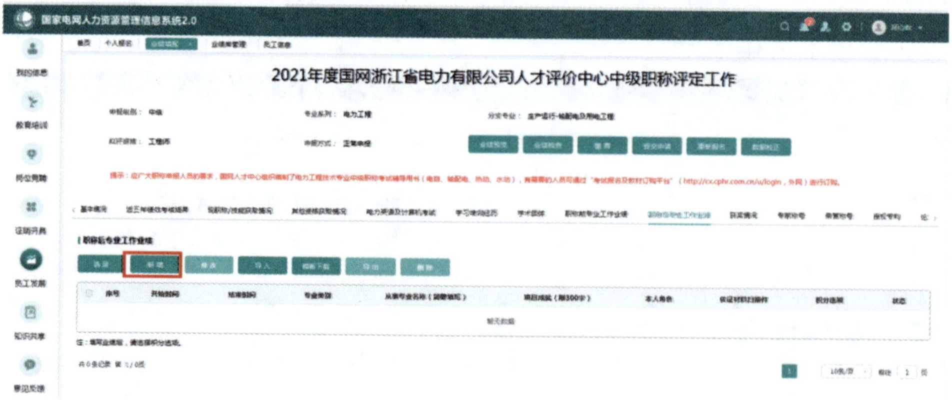

▲从事专业名称：从申报的分支专业角度填报。

▲项目成就：总结归纳，控制在 100 字左右。具体填写内容可根据积分选项要求归纳。角色+项目内容+本人作用+结论。从创新性、影响力、经济效益、收益成果角度写结论。

▲佐证上传要求：专业部门盖章的证明页面及证明材料。

注：业绩佐证材料审查要求：

（1）各类佐证材料必须能够反映与填报内容一致的各项信息，包括时间、项目名称、本人角色、级别、重要性等重要信息请标注出来。

（2）项目类业绩可提供：项目可研报告、批复、立项、实施、设计图纸、施工方案或措施、调试文件、验收报告（含阶段性）等过程材料，以及本人角色证明、实施效益证明、专家评价意见等。

（3）解决技术难题类业绩可提供：有关部门出具的技术报告、专家评审或鉴定意见，以及本人角色证明等。

（4）提出科技、经营管理或经济技术建议可提供：建议报告、有关部门批示等采纳（推广）证明。

（5）重点课题类业绩可提供：课题立项材料，阶段性验收材料、研究成果材料、结项验收材料、本人角色证明等。

（6）本专业领域管理改革、创新类业绩可提供：主管部门出具本人角色证明、推广应用证明、表彰文件，财务部门出具经济效益证明等。

注：*大、中、小型等级，参照如下标准执行：

（1）发电厂。

① 大型：300MW 及以上机组（大型≥300MW）；

② 中型：100～300MW 机组（300MW＞中型＞100MW）；

③ 小型：100MW 及以下机组（小型≤100MW）。

（2）变压等级。

① 大型：220kV 以上（大型＞220kV）；

② 中型：220kV（中型＝220kV）；

③ 小型：110kV 及以下（小型≤110kV）。

（3）企业规模。

① 大型：省公司等同级及以上单位（大型≥省公司等同级单位）；

② 中型：地区等同级单位（中型＝地区等同级单位）；

③ 小型：县级等同级单位（小型＝县级等同级单位）。

▲取得现职称之后的业绩。一定要选择对应积分选项，也不能选择“没有符合的选项”，否则没有积分。积分选项要均匀分布（尽可能涉及多个积分序号）。

业绩成果的“主要贡献者（主要完成人）”，需是排名靠前的第一、二完成人及主要完成（参加）者。若排名靠后，但确系主要完成（参加）者，需提供本人所在单位主管部门出具的正式文件。该文件，需后附第一、二完成人分别亲自撰写并签名的“证明书”。文件及“证明书”需表明在该项目中被证明人承担任务的内容、重要程度及排名位次和排名靠后的原因，以及其他获奖人员名单（如获奖人数超过 15 人，可仅列出前 15 人名单并注明获奖总人数）。

10. 获奖情况

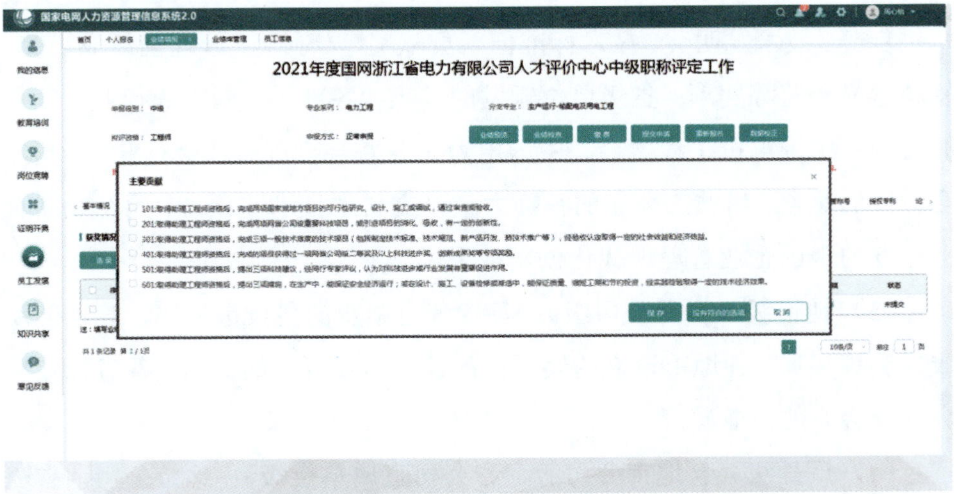

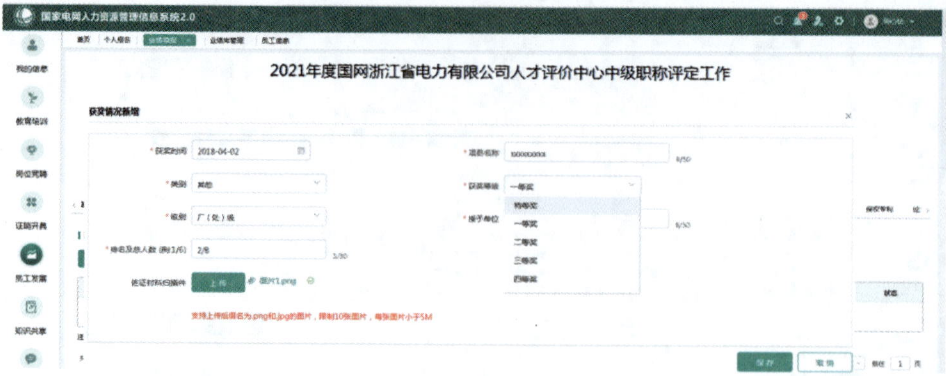

▲获奖等级：根据实际获奖等级对应选择；其他等级均按最低奖项选择。同一项成果多次获奖，只选最高级别。

*获奖类别供审核时参考：国家最高科学技术奖、自然科学奖、技术发明奖、科学技术进步奖、中国专利金奖、抗疫一线人员奖励、专业专项奖（优秀设计、优质工程）、其他。佐证材料需提供获奖证书或文件。（获奖正式文件必须有获奖项目和成员姓名等信息）。

*获奖级别供审核时参考：

（1）国家级：国家科学技术进步奖包括国家自然科学奖、国家科技进步奖、国家技术发明奖三类，其他奖项不计作国家级奖项。

（2）省部级（含行业级、国网公司级）：国家电网公司设立的科学技术进步奖、技术发明奖、技术标准创新贡献奖、专利奖、管理创新成果奖、软科学成果奖等奖项；省级单位颁发的奖项；各部委（国家级行业）设立的奖项；中国电机工程学会、中国电力企业联合会等省部级行业协（学）会颁发的奖项、科技部公布的社会力量设立科学技术奖项；中国企业联合会颁发的全国企业管理现代化创新成果奖。

（3）地市级（含省公司级）：各省公司颁发的科技进步奖、管理创新成果奖等奖项；各地市设立的奖项；各省厅局级设立的奖项；各省行业协会（学会）的专业奖。

（4）厂处级（含地市公司级、省公司直属单位级）：地市公司，省公司直属单位设立的科技成果奖项和管理创新成果奖等奖项。

（5）其他：国家知识产权局设立的中国专利金奖按省部级一等奖计分，中国专利奖、中国专利优秀奖按省部级二等奖计分。其他未标明奖项等级的优秀奖、优质奖、特别奖、创新奖、进步奖、管理创新成果奖等奖项，按同级别三等奖处理。

11. 专家称号

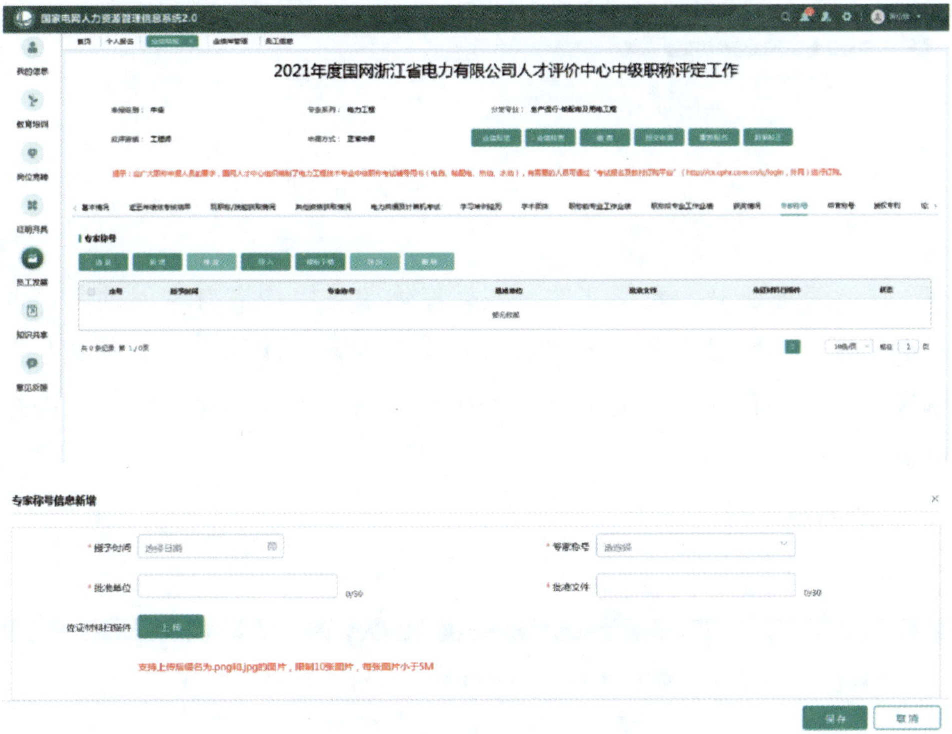

▲点击“新增”，选择对应的专家称号：

“百千万人才工程”国家级人选、国家高层次人才特殊人才支持计划专家、“创新人才推进计划”中青年领军人才、国家有突出贡献的中青年专家、享受国务院政府特殊津贴人员（技术类）、享受省部级政府特殊津贴人员（技术类）

▲上传相应表彰文件或证书等佐证材料

▲“专家称号”选项中未列出的称号请在“荣誉称号”模块中填写。

12. 荣誉称号

注：荣誉证书、表彰文件、各类集体荣誉中均需有本人姓名，否则不能算。不能提供荣誉证书或荣誉文件的，不能算。除上面的专家称号外的荣誉称号填写到此处，如先进个人、劳模、岗位能手、优秀党员等。

13. 授权专利

注：仅限于已授权且在有效期内的专利，海外专利不予认可。需提供专利授权证书。

14. 论文/著作等

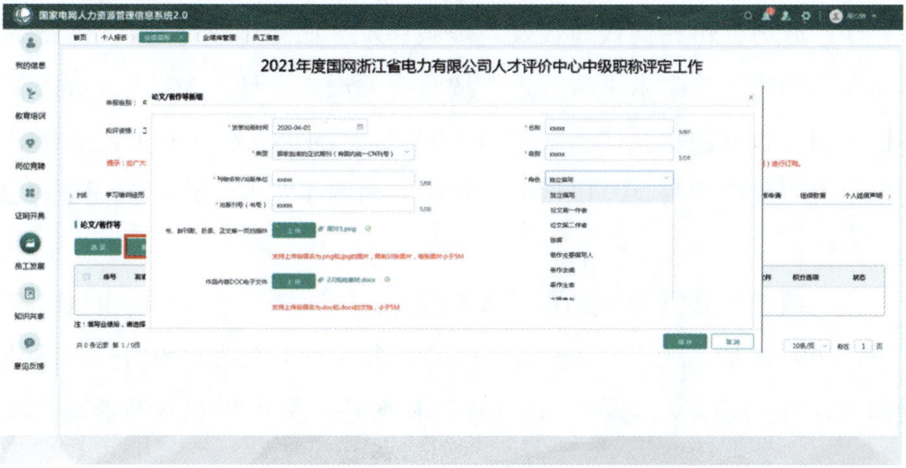

注：严厉打击论文代写代发、虚假刊发等违纪违规行为，对于抄袭、剽窃、不当署名等学术不端行为，按照有关规定处理，撤销取得的职称，并记入职称申报评审诚信档案库。申报者提交的论文和技术报告等作品应为取得现职称后撰写且与申报专业相关，内容不相关的作品属无效作品。

其中：

论文或著作必须是正式发表或出版，录用通知不予认可。申报时需提供书、刊的封面、目录（交流或评选的证书）和本人撰写的内容，不必将整本书、刊一同提交，**其中，论文佐证材料还需提供权威网站查询的收录**

情况截图。内容包括：

（1）国家科技图书文献中心、中国知网、万方数据知识服务平台检索的同期期刊封面。

（2）上述网站检索的同名期刊基本信息截图。

（3）上述网站检索的同期期刊内本篇文章收录截图。

注：以下为常见的假期刊名称：《科学与生活》（汉语版）、《电力设备》（2008 年已停刊）、《中国电业》（杂志名称只有“中国电业”四个字）、《中国电业－发电》《中国电业技术》《当代电力文化》（旬刊、半月刊）。

“核心期刊”**以北京大学的“北大中文核心期刊”、南京大学的“南大核心期刊（CSSCI）”、中国科学技术信息研究所的“中国科技核心期刊”、中国人文社会科学学报学会的“中国人文社科学报核心期刊”、中国社会科学评价中心的“中国人文社会科学期刊评价报告”、中科院文献情报中心的“中国科学引文数据库（CSCD）来源期刊列表”目录为准。职称申报系统已增加核心期刊查询按键。**

SCI 收录或 EI 收录的文章需提供有大学图书馆或教育部科技查新工作站盖章的收录证明，且注明查新工作人员姓名和电话。核心期刊目录每隔几年会根据期刊的质量和权威性进行动态调整，审核人员应审核该期刊刊发当年是否在核心期刊目录总览中。

“有正式刊号的普通期刊”审查以封面或版权页上有 ISSN 和 CN 的组合字样出现为准。可在国家新闻出版署或中国知网、万方数据等期刊数据登录网站查到。

“省（市、区）批准的内部准印期刊”审查以封面或版权页上有“×内资准字”出现为准（如：《电力人力资源》，为“京内资准字 9908－L0825”）。

“学术会议上发表”必须要有学术会议主办部门的证明页。

“著作”审查以有正规的出版社为准。佐证材料要求著作封面、版权页、编委页、目录页、正文节选、出版单位出具的字数证明。

注：论文、著作、技术报告等审查要求：

（1）论文类提供：期刊（公开出版的会议论文集）封面、版权页、目录页、论文正文、SCI（EI）检索证明以及**权威网站查询的收录情况截图**。

（2）著作类提供：封面、版权页、编委页（本人角色页）、目录页、正文节选。

（3）教材或技术手册类提供：封面、版权页、编委页（本人角色页）、目录页、正文节选。

15. 技术标准/规范/报告等

注："技术报告"应为申报者在当时完成专业技术项目之后，对完成或解决某项具体技术工作问题的报告。申报时需提供专业技术负责人的证明（或鉴定意见）。

申报时须提供专业技术负责人的证明（或鉴定意见）。每个技术报告要有专业部门证明、证明人签字、专业部门盖章，扫描好作为技术报告第一页。

技术报告扫描顺序：证明页、封面（含编写人、审核人、审批人签字）、目录、正文第一页。

技术报告可以是未出版的论文、实施细则、典型经验。

技术报告是描述科学研究过程、进展、结果，或者研究过程中遇到问题的文档，可以是某项项专业工作调查报告，实施方案等，具体灵活掌握。

技术报告类提供：正式颁布的标准、导则、规范、规程封面、正文节选、本人角色页等。

研究报告、项目报告等代表性成果提供：研究、项目、报告等成果封面、正文节选、本人角色页等，相关单位出具的成果应用证明。专业技术负责人的证明（或鉴定意见），证明内容包括申报人员在整个项目中参与完成的角色，参与程度，项目中具体承担工作的重要性等，并由项目负责人或技术负责人签字，项目完成单位盖章。

16. 专业技术工作总结

注：指取得现专业技术资格后的个人工作总结，系统字数上限2000字。

17. 破格申请

单位需提供申报人员疫情防控一线工作情况相关证明（包括工作具体内容及成效，仅2020年、2021年、2022年有效），并报省公司级单位人事部门审核、盖章。申报人员将签字盖章的“证明”扫描后在申报系统中上传，纸质版原件作为申报材料提交。

疫情防控一线专业技术人员获得省部级及以上表彰奖励（仅2020年、2021年、2022年有效），可破格申报高一级别的职称。申报人员在“获奖情况”栏目中对相应奖励进行填报，并提供《破格申请申报表》，需按照“破格申报人员”流程完成相关工作。

18. 继续教育

19. 个人诚信声明

注：申报者需提交“个人诚信声明”，对填报内容及提交材料真实性、准确性负责，如有不实之处，本人需承担相应责任。实行学术造假“一票否决制”，对申报人员弄虚作假等违规违纪行为严肃处理，撤销其取得的职称，原则上3年不得申报，情节严重的，追究相关责任。

（三）缴费提交

1. 检查数据

点击按钮业绩检查，根据提示修改对应填报数据，直至全部检查通过。

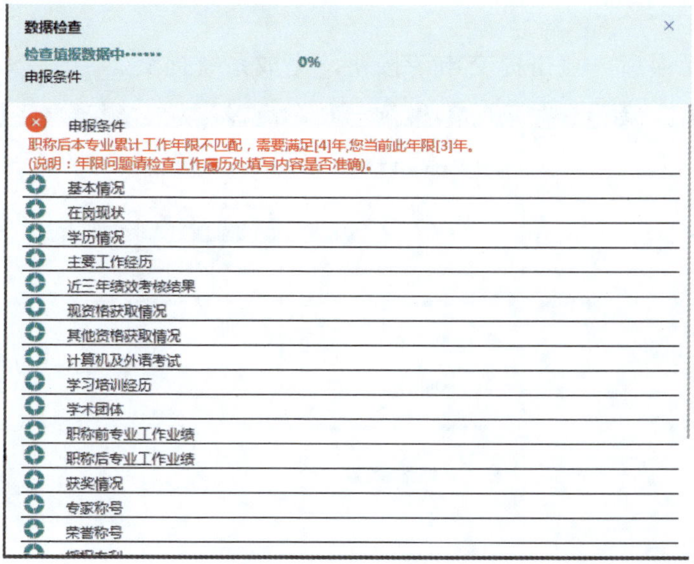

2. 完成缴费

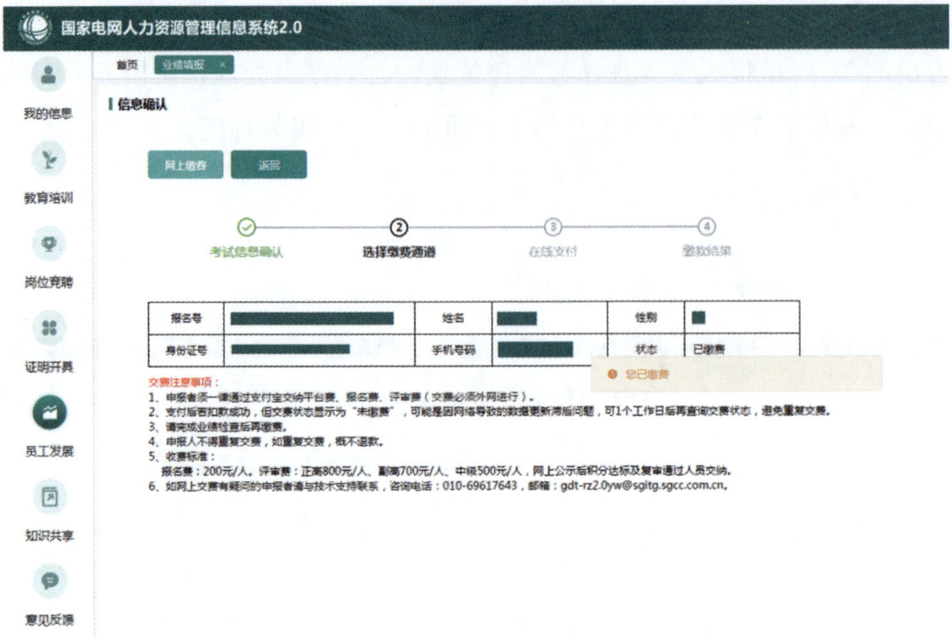

点击缴费按钮，根据提示完成网上缴费。

缴费完成后，表格中状态显示：已缴费。

3. 系统提交

确认无误后，点击提交申请按钮，完成系统提交。

第六节　产业单位聘用职工系统操作说明

（一）注册登录

用 Google 浏览器登录电力人才网站 www.cphr.com.cn 内外网同步

填写个人基本信息，其中工作单位填写劳动合同单位的全称。

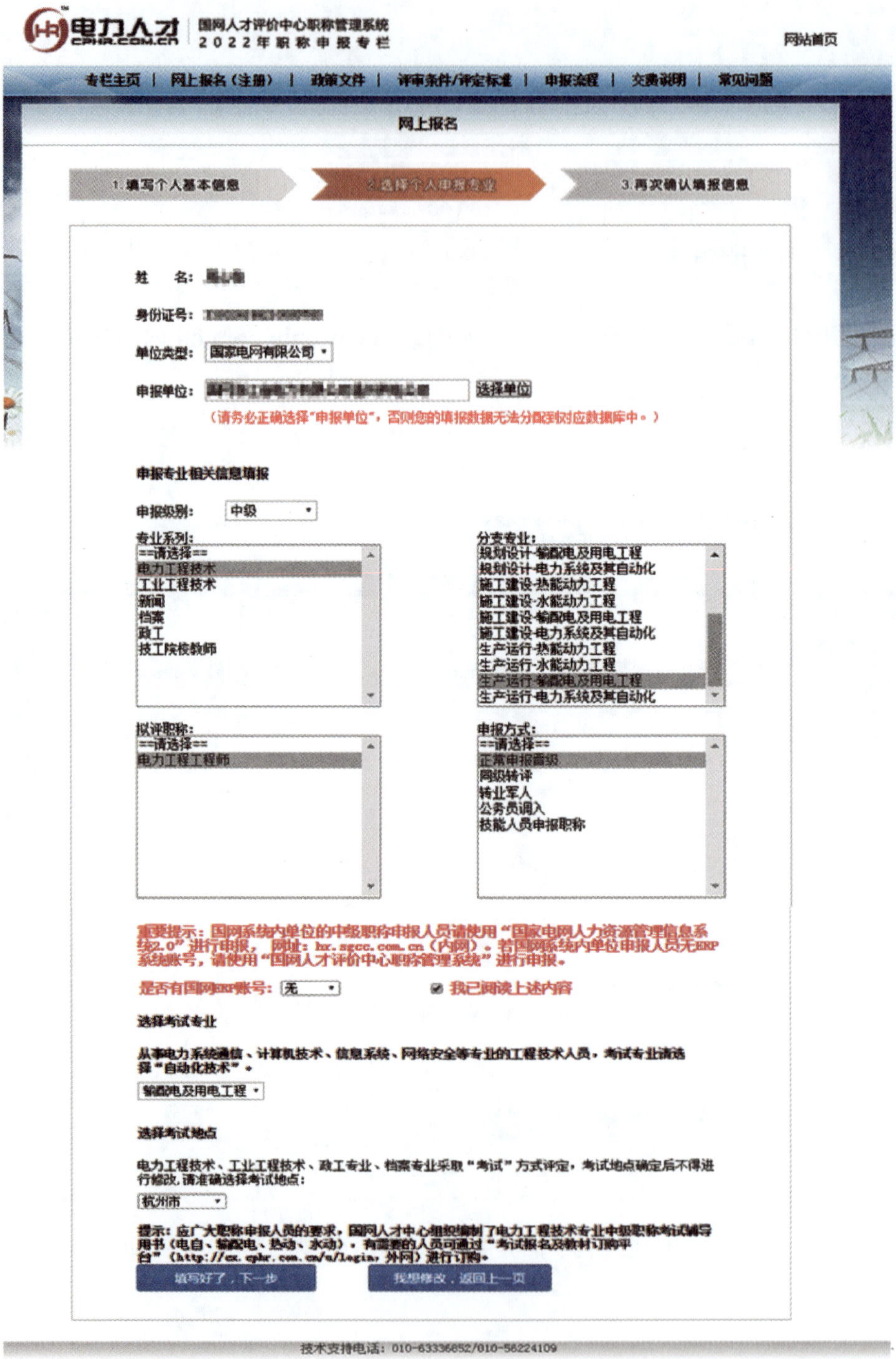
电力人才 CPHR.COM.CN
国网人才评价中心职称管理系统
2022年职称申报专栏
网站首页
专栏主页 | 网上报名（注册） | 政策文件 | 评审条件/评定标准 | 申报流程 | 交费说明 | 常见问题
网上报名
1.填写个人基本信息
2.选择个人申报专业
3.再次确认填报信息
姓　名：
身份证号：
单位类型：国家电网有限公司
申报单位：
选择单位
（请务必正确选择"申报单位"，否则您的填报数据无法分配到对应数据库中。）
申报专业相关信息填报
申报级别：中级
专业系列：
==请选择==
电力工程技术
工业工程技术
新闻
档案
政工
技工院校教师
分支专业：
规划设计-输配电及用电工程
规划设计-电力系统及其自动化
施工建设-热能动力工程
施工建设-水能动力工程
施工建设-输配电及用电工程
施工建设-电力系统及其自动化
生产运行-热能动力工程
生产运行-水能动力工程
生产运行-输配电及用电工程
生产运行-电力系统及其自动化
拟评职称：
==请选择==
电力工程工程师
申报方式：
==请选择==
正常申报晋级
同级转评
转业军人
公务员调入
技能人员申报职称
重要提示：国网系统内单位的中级职称申报人员请使用"国家电网人力资源管理信息系统2.0"进行申报，网址：hr.sgcc.com.cn（内网）。若国网系统内单位申报人员无ERP系统账号，请使用"国网人才评价中心职称管理系统"进行申报。
是否有国网ERP账号：无
我已阅读上述内容
选择考试专业
从事电力系统通信、计算机技术、信息系统、网络安全等专业的工程技术人员，考试专业请选择"自动化技术"。
输配电及用电工程
选择考试地点
电力工程技术、工业工程技术、政工专业、档案专业采取"考试"方式评定，考试地点确定后不得进行修改，请准确选择考试地点：
杭州市
提示：应广大职称申报人员的要求，国网人才中心组织编制了电力工程技术专业中级职称考试辅导用书（电自、输配电、热动、水动），有需要的人员可通过"考试报名及教材订购平台"（http://ex.cphr.com.cn/u/login，外网）进行订购。
填写好了，下一步
我想修改，返回上一页
技术支持电话：010-63336652/010-58224109

正确选择专业系列，根据本人岗位和业绩选择分支专业。与现职称资格专业方向一致，并根据满足申报条件项对应选择申报方式。“申报单位”务必正确选择本人所在地市级公司。

申报方式：含正常申报晋级、同级转评、转业军人、公务员调入、技能人员申报职称五类。

正常申报晋级：正常晋级申报（含转系列高报）。如：助理工程师→工程师；助理政工师→工程师。

同级转评：其他系列中级职称转评为工程师。如：政工师→工程师。

转业军人：首次参加职称评定的军队转业干部。

公务员调入：首次参加职称评定的原公务员身份人员。

技能人员申报职称：技能人员仅能申报电力工程工程师。如：技师→工程师。

根据要求选择考试专业及考试地点。

确认个人信息无误后提交。注册完成后进行个人登录。如果往年报过，重新注册后，往年填写的内容会自动同步到本人账户里。

（二）报名缴费

在业绩提交前及时完成报名费缴费。完成缴费后，状态显示“已缴费”。

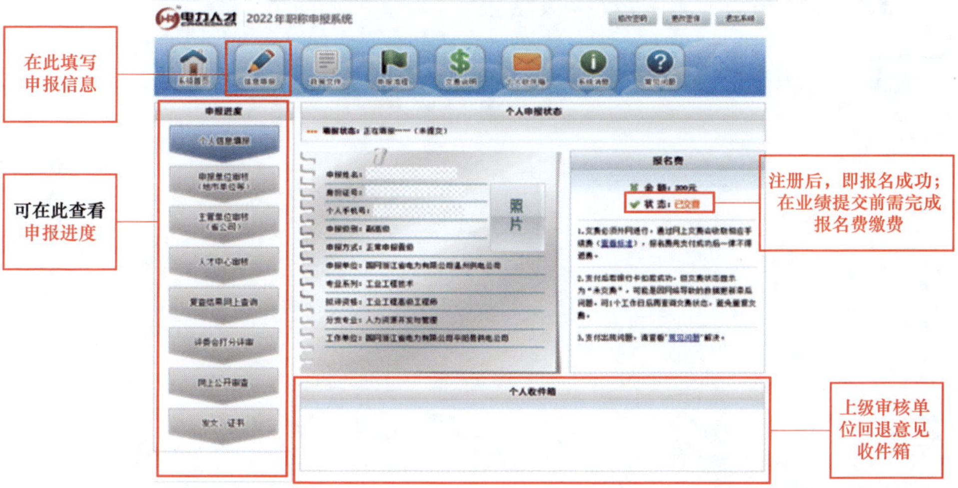

（三）信息填报

1. 基本情况

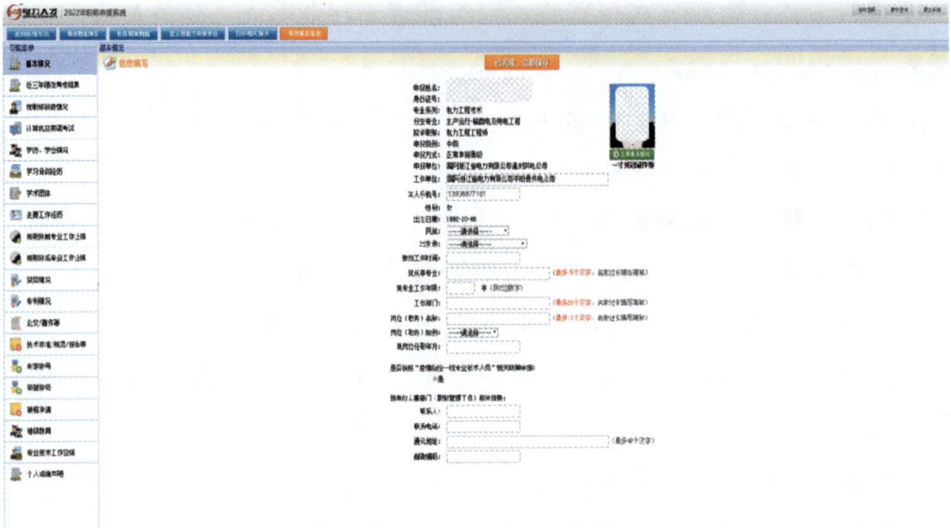

▲“现从事专业”是指现从事与申报专业相关的专业。

▲“现专业工作年限”是指截止申报年度 12 月 31 日，本人参加工作后所从事的与申报系列一致的专业技术工作累计年限之和。

2. 近三年绩效考核结果

▲如实填写近三年绩效考核结果。

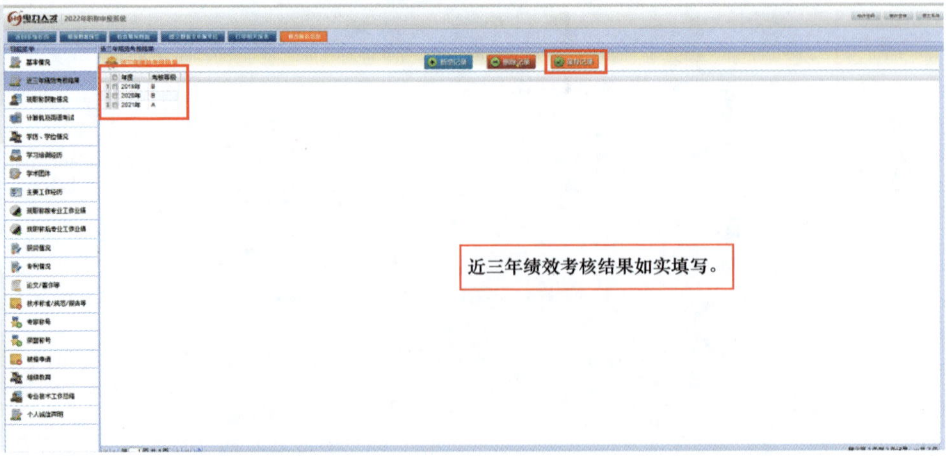

3. 现职称获取情况

▲正确输入现职称/技能等级证书信息。证书扫描件包括编码页、照片页、姓名页及主要信息页，并确保扫描件清晰、方向端正。

▲系统中提交附件格式要求：格式：JPG.PNG；命名：不能含有中文。数字、字母构成。

4. 计算机及英语考试

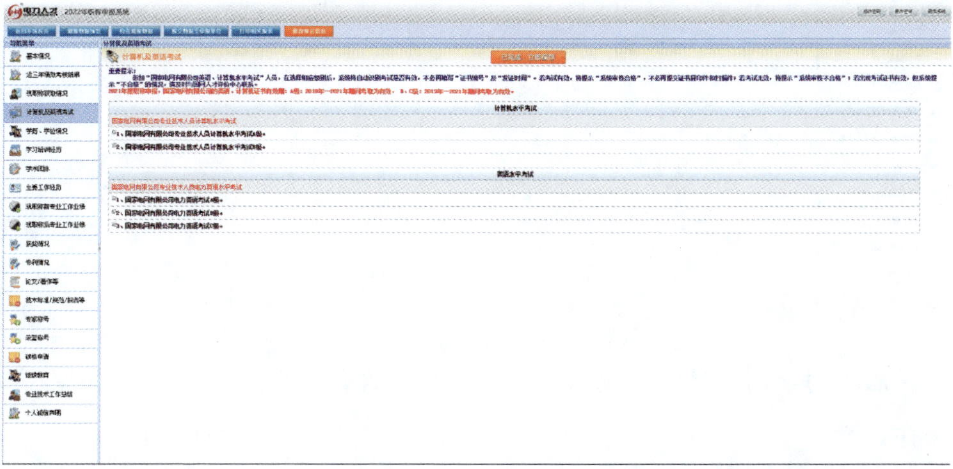

参加“国家电网有限公司英语、计算机水平考试”人员，在选择相应

级别后，系统将自动识别考试是否有效，不必再填写“证书编号”及“发证时间”。若考试有效将提示“系统审核合格”，不必再提交证书复印件和扫描件；若考试无效，将提示“系统审核不合格”；若出现考试证书有效，但系统提示“不合格”的情况，请及时与国网人才评价中心联系。

注：自 2016 年度职称申报开始，英语、计算机考试成绩不再作为申报必备条件，但仍作为职称评定的水平能力标准之一。自 2020 年度开始，电力英语和计算机的考试免试条件取消，仅国网的电力英语、计算机水平考试成绩有效。

国网电力**英语**证书分为 A、B、C 三个等级，均适用于申报中级职称。有效期分别是 A 级 4 年和 B、C 级 3 年（截止日为取证的对应年限年底）。

国网电力**计算机**证书分为 A、B 两个等级，均适用于申报中级职称。有效期分别是 A 级 4 年和 B 级 3 年（截止日为取证的对应年限年底）。

5. 学历、学位情况

▲填写学历、学位情况，上传证书扫描件，确保方向端正、清晰，并保存记录。

▲系统自动测试学历是否符合条件。就业学历为必填项，学历按照时

间顺序填写，每个学历只能填写一次。

注：学历证书等审核需注意：系统要求上传原件扫描件，如原件丢失，则需所在单位人资部盖章签字后上传即有效。

6. 学习培训经历

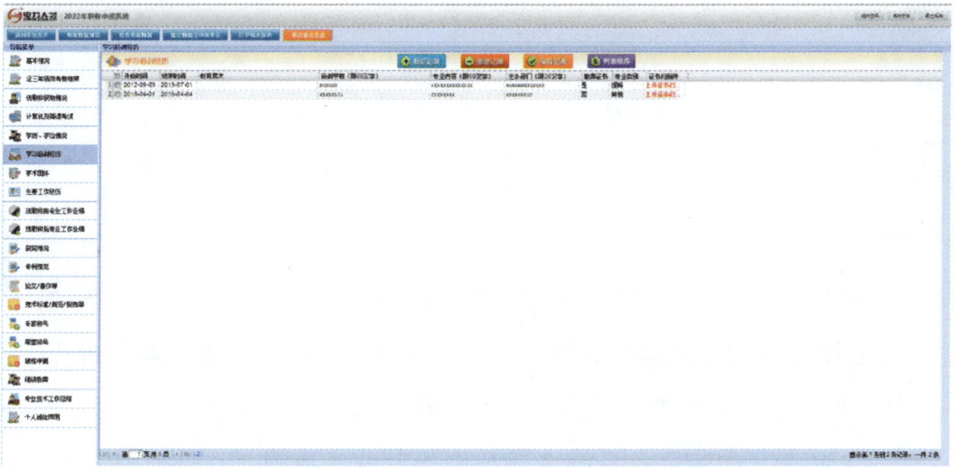

▲适当填写学习培训经历条数，包括后续学历教育、专业培训等。

注：学历证书、培训证书等审核需注意：系统要求上传原件扫描件，如原件丢失，则需所在单位人资部盖章签字后上传即有效。

7. 学术团体

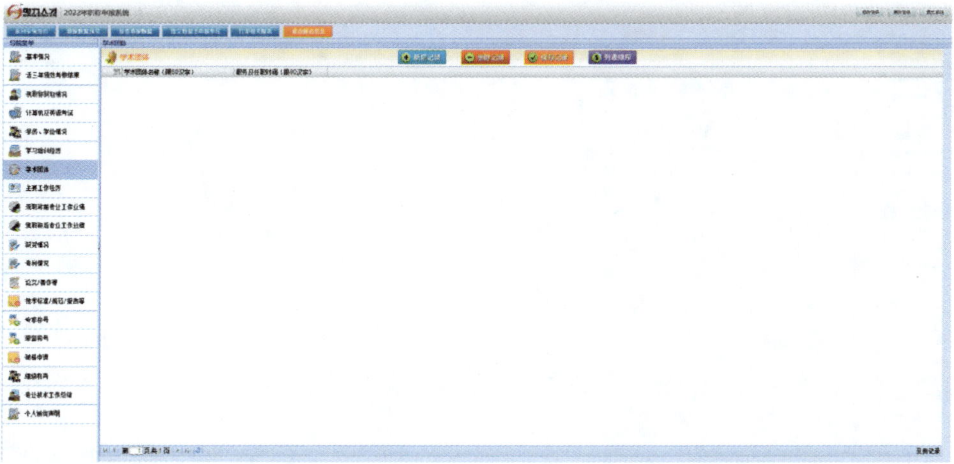

8. 主要工作经历

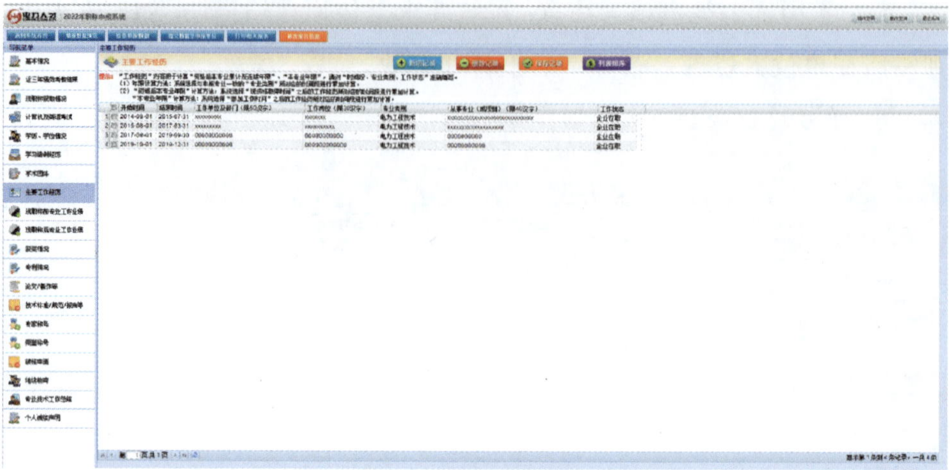

“工作经历”内容用于计算“资格后本专业年限”“本专业年限”，请对“时间段、专业类别、工作状态”准确填写。

（1）年限计算方法：系统选择与申报专业一致的“专业类别”所对应的时间段进行累加计算。

（2）“资格后本专业年限”计算方法：系统选择“现资格取得时间”之后的工作经历所对应的时间段进行累加计算。

9. 现职称前专业工作业绩

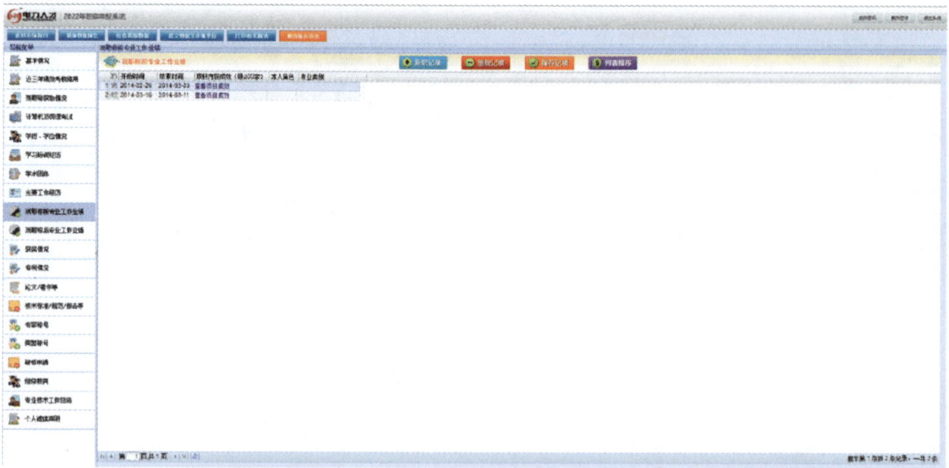

▲取得现职称之前的业绩。职称前专业工作业绩要与工作经历对应写，按要求对应填写工作业绩（主要填写与申报专业相符的业绩）。

▲项目成效：上限300字。建议格式为角色+项目内容+本人作用+结论，从创新性、影响力、经济效益、收益成果角度写结论。

佐证上传要求：专业部门盖章的证明页面及证明材料。

注：按本人角色重要程度填写。

10. 现职称后专业工作业绩

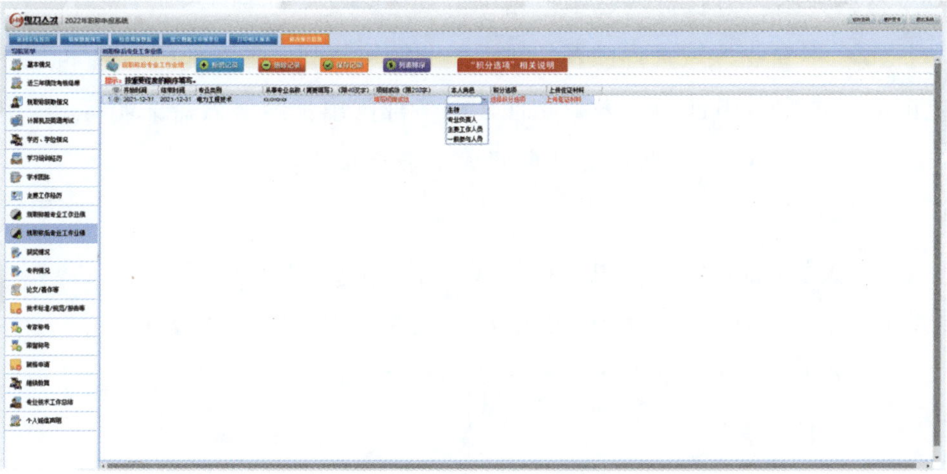

▲取得现职称之后的业绩。注意积分选项要均匀分布（尽可能涉及多个积分序号）。从事专业名称：从申报的分支专业角度填报。

▲项目成就：总结归纳，控制在100字左右。具体填写内容可根据积分选项要求归纳。角色+项目内容+本人作用+结论。从创新性、影响力、经济效益、收益成果角度写结论。

佐证上传要求：专业部门盖章的证明页面及证明材料。

注：业绩佐证材料审查要求：

（1）各类佐证材料必须能够反映与填报内容一致的各项信息，包括时间、项目名称、本人角色、级别、重要性等重要信息请标注出来。

（2）项目类业绩可提供：项目可研报告、批复、立项、实施、设计图纸、施工方案或措施、调试文件、验收报告（含阶段性）等过程材料，以及本人角色证明、实施效益证明、专家评价意见等。

（3）解决技术难题类业绩可提供：有关部门出具的技术报告、专家评审或鉴定意见，以及本人角色证明等。

（4）提出科技、经营管理或经济技术建议可提供：建议报告、有关部门批示等采纳（推广）证明。

（5）重点课题类业绩可提供：课题立项材料，阶段性验收材料、研究成果材料、结项验收材料、本人角色证明等。

（6）本专业领域管理改革、创新类业绩可提供：主管部门出具本人角色证明、推广应用证明、表彰文件，财务部门出具经济效益证明等。

注：*大、中、小型等级，参照如下标准执行：

（1）发电厂。

① 大型：300MW 及以上机组（大型≥300MW）；

② 中型：100～300MW 机组（300MW＞中型＞100MW）；

③ 小型：100MW 及以下机组（小型≤100MW）。

（2）变压等级。

① 大型：220kV 以上（大型＞220kV）；

② 中型：220kV（中型＝220kV）；

③ 小型：110kV 及以下（小型≤110kV）。

（3）企业规模。

① 大型：省公司等同级及以上单位（大型≥省公司等同级单位）；

② 中型：地区等同级单位（中型＝地区等同级单位）；

③ 小型：县级等同级单位（小型＝县级等同级单位）。

业绩成果的“主要贡献者（主要完成人）”，需是排名靠前的第一、二完成人及主要完成（参加）者。若排名靠后，但确系主要完成（参加）者，需提供本人所在单位主管部门出具的正式文件。该文件，需后附第一、二完成人分别亲自撰写并签名的“证明书”。文件及“证明书”需表明在该项目中被证明人承担任务的内容、重要程度及排名位次和排名靠后的原因，以及其他获奖人员名单（如获奖人数超过 15 人，可仅列出前 15 人名单并注明获奖总人数）。

11. 获奖情况

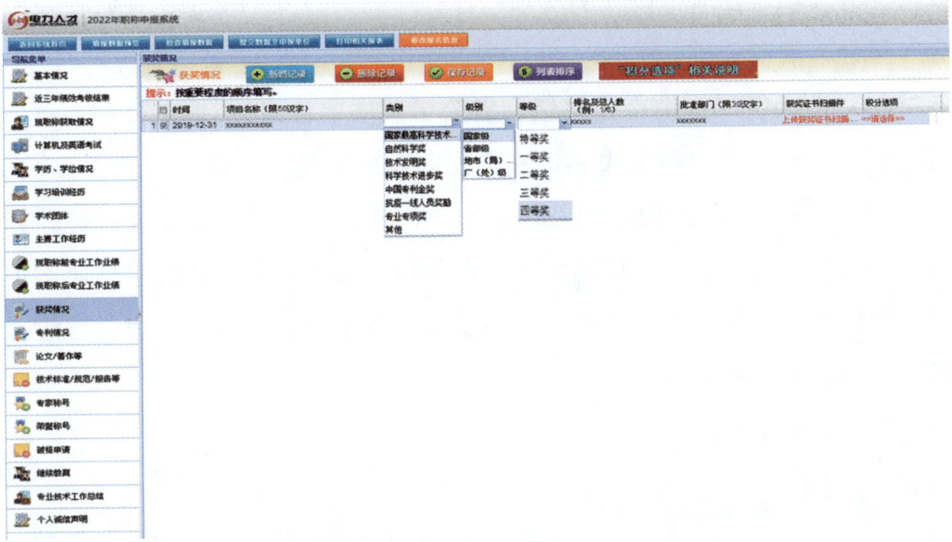

获奖等级：根据实际获奖等级对应选择；其他等级均按最低奖项选择。同一项成果多次获奖，只选最高级别。

*获奖类别供审核时参考：国家最高科学技术奖、自然科学奖、技术发明奖、科学技术进步奖、中国专利金奖、抗疫一线人员奖励、专业专项奖（优秀设计、优质工程）、其他。佐证材料需提供获奖证书或文件。（获奖正式文件必须有获奖项目和成员姓名等信息）。

*获奖级别供审核时参考：

（1）国家级：国家科学技术进步奖包括国家自然科学奖、国家科技进步奖、国家技术发明奖三类，其他奖项不计作国家级奖项。

（2）省部级（含行业级、国网公司级）：国家电网公司设立的科学技术进步奖、技术发明奖、技术标准创新贡献奖、专利奖、管理创新成果奖、软科学成果奖等奖项；省级单位颁发的奖项；各部委（国家级行业）设立的奖项；中国电机工程学会、中国电力企业联合会等省部级行业协（学）会颁发的奖项、科技部公布的社会力量设立科学技术奖项；中国企业联合会颁发的全国企业管理现代化创新成果奖。

（3）地市级（含省公司级）：各省公司颁发的科技进步奖、管理创新成果奖等奖项；各地市设立的奖项；各省厅局级设立的奖项；各省行业协会（学会）的专业奖。

（4）厂处级（含地市公司级、省公司直属单位级）：地市公司，省公司直属单位设立的科技成果奖项和管理创新成果奖等奖项。

（5）其他：国家知识产权局设立的中国专利金奖按省部级一等奖计分，中国专利奖、中国专利优秀奖按省部级二等奖计分。其他未标明奖项等级的优秀奖、优质奖、特别奖、创新奖、进步奖、管理创新成果奖等奖项，按同级别三等奖处理。

12. 专利情况

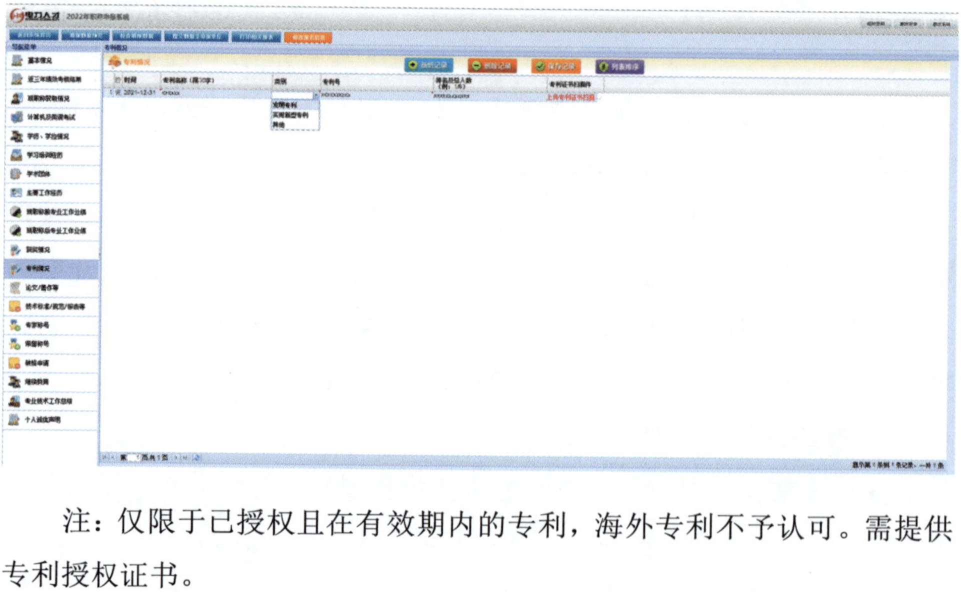

注：仅限于已授权且在有效期内的专利，海外专利不予认可。需提供专利授权证书。

13. 论文/著作等

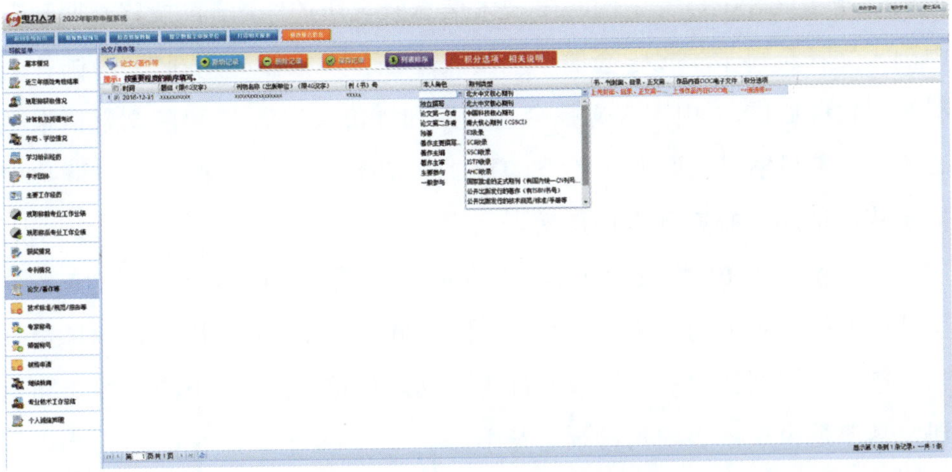

注：严厉打击论文代写代发、虚假刊发等违纪违规行为，对于抄袭、剽窃、不当署名等学术不端行为，按照有关规定处理，撤销取得的职称，并记入职称申报评审诚信档案库。申报者提交的论文和技术报告等作品应为取得现职称后撰写且与申报专业相关，内容不相关的作品属无效作品。

其中：

论文或著作必须是正式发表或出版，录用通知不予认可。申报时需提供书、刊的封面、目录（交流或评选的证书）和本人撰写的内容，不必将整本书、刊一同提交，**其中，论文佐证材料还需提供权威网站查询的收录情况截图。内容包括：**

（1）国家科技图书文献中心、中国知网、万方数据知识服务平台检索的同期期刊封面。

（2）上述网站检索的同名期刊基本信息截图。

（3）上述网站检索的同期期刊内本篇文章收录截图。

注：以下为常见的假期刊名称：《科学与生活》（汉语版）、《电力设备》（2008 年已停刊）、《中国电业》（杂志名称只有“中国电业”四个字）、《中国电业－发电》《中国电业技术》《当代电力文化》（旬刊、半月刊）

*“**核心期刊**”以北京大学的“北大中文核心期刊”、南京大学的“南大核心期刊（CSSCI）”、中国科学技术信息研究所的“中国科技核心期刊”、中国人文社会科学学报学会的“中国人文社科学报核心期刊”、中国社会科学评价中心的“中国人文社会科学期刊评价报告”、中科院文献情报中心的“中国科学引文数据库（CSCD）来源期刊列表”目录为准。***职称申报系统已增加核心期刊查询按键。**

SCI 收录或 EI 收录的文章需提供有大学图书馆或教育部科技查新工作站盖章的收录证明，且注明查新工作人员姓名和电话。核心期刊目录每隔几年会根据期刊的质量和权威性进行动态调整，审核人员应审核该期刊刊发当年是否在核心期刊目录总览中。

“有正式刊号的普通期刊”审查以封面或版权页上有 ISSN 和 CN 的组合字样出现为准。可在国家新闻出版署或中国知网、万方数据等期刊数据登录网站查到。

“省（市、区）批准的内部准印期刊”审查以封面或版权页上有“×内资准字”出现为准（如:《电力人力资源》,为“京内资准字 9908－L0825”）。

“学术会议上发表”必须要有学术会议主办部门的证明页。

“著作”审查以有正规的出版社为准。佐证材料要求著作封面、版权页、编委页、目录页、正文节选、出版单位出具的字数证明。

注：论文、著作、技术报告等审查要求：

（1）论文类提供：期刊（公开出版的会议论文集）封面、版权页、目录页、论文正文、SCI（EI）检索证明以及**权威网站查询的收录情况截图**。

（2）著作类提供：封面、版权页、编委页（本人角色页）、目录页、正文节选。

（3）教材或技术手册类提供：封面、版权页、编委页（本人角色页）、目录页、正文节选。

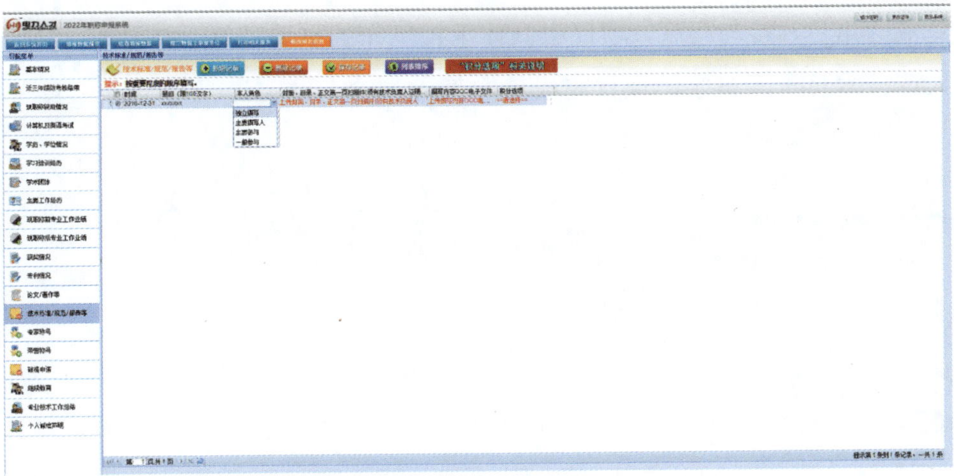

14. 技术标准/规范/报告等

注："技术报告"应为申报者在当时完成专业技术项目之后，对完成或解决某项具体技术工作问题的报告。申报时需提供专业技术负责人的证明（或鉴定意见）。

申报时须提供专业技术负责人的证明（或鉴定意见）。每个技术报告要有专业部门证明、证明人签字、专业部门盖章，扫描好作为技术报告第一页。

技术报告扫描顺序：证明页、封面（含编写人、审核人、审批人签字）、目录、正文第一页。

技术报告可以是未出版的论文、实施细则、典型经验。

技术报告是描述科学研究过程、进展、结果，或者研究过程中遇到问题的文档，可以是某项项专业工作调查报告，实施方案等，具体灵活掌握。

技术报告类提供：正式颁布的标准、导则、规范、规程封面、正文节选、本人角色页等。

研究报告、项目报告等代表性成果提供：研究、项目、报告等成果封面、正文节选、本人角色页等，相关单位出具的成果应用证明。专业技术负责人的证明（或鉴定意见），证明内容包括申报人员在整个项目中参与完成的角色，参与程度，项目中具体承担工作的重要性等，并由项目负责人或技术负责人签字，项目完成单位盖章。

15. 专家称号

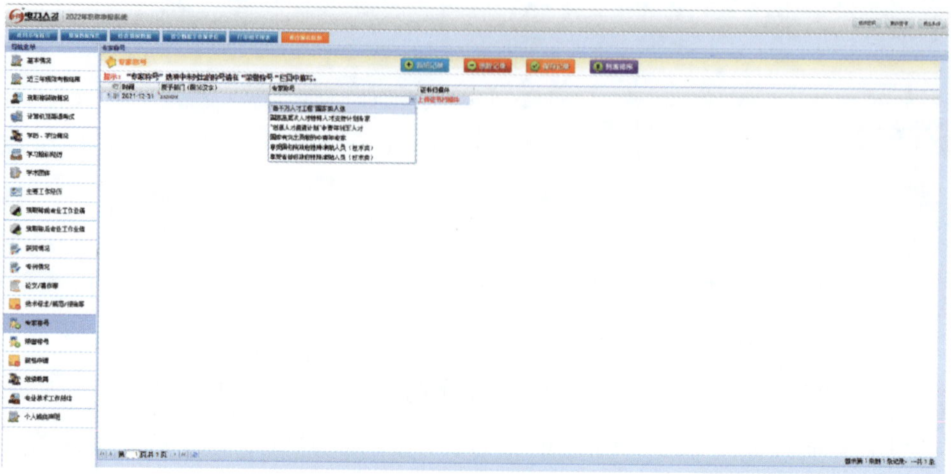

▲点击“新增”，选择对应的专家称号：

“百千万人才工程”国家级人选、国家高层次人才特殊人才支持计划专家、“创新人才推进计划”中青年领军人才、国家有突出贡献的中青年专家、享受国务院政府特殊津贴人员（技术类）、享受省部级政府特殊津贴人员（技术类）。

▲上传相应表彰文件或证书等佐证材料

▲“专家称号”选项中未列出的称号请在“荣誉称号”栏目中填写。

16. 荣誉称号

注：荣誉证书、表彰文件、各类集体荣誉中均需有本人姓名，未体现个人姓名的材料，需原出具单位证明盖章，否则不能算。不能提供荣誉证书或荣誉文件的，不能算。除上面的专家称号外的荣誉称号填写到此处，如先进个人、劳模、岗位能手、优秀党员等。

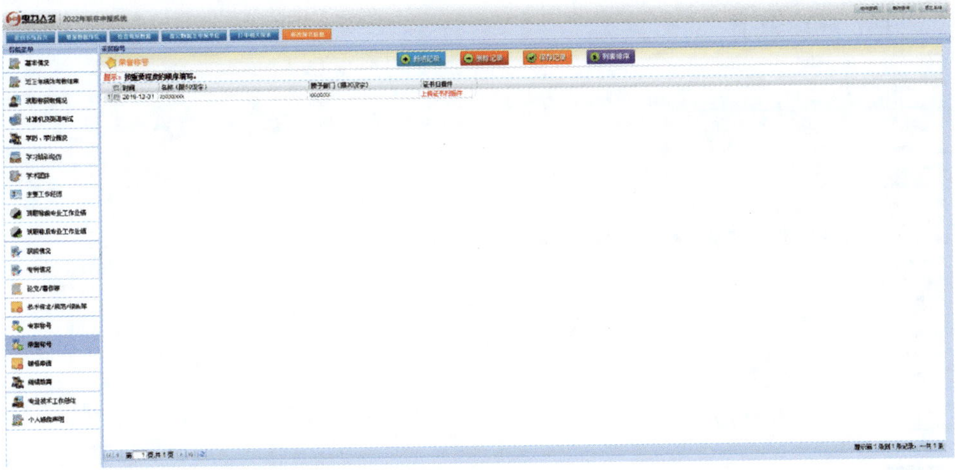

17. 破格申请

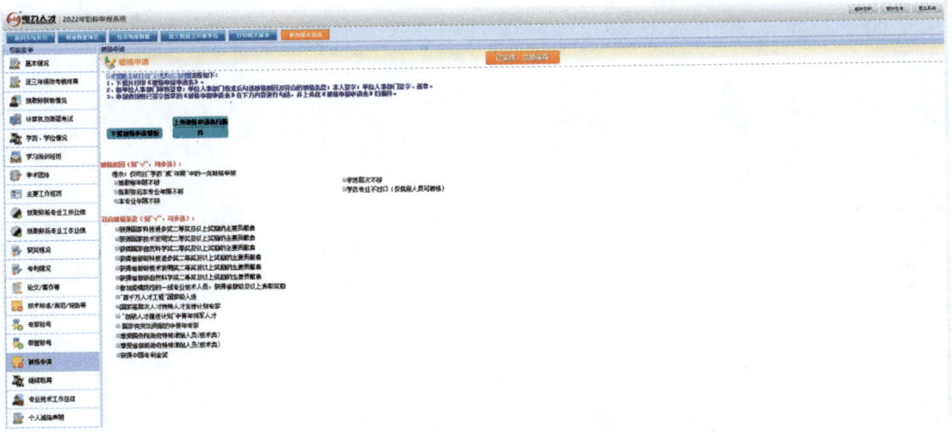

单位需提供申报人员疫情防控一线工作情况相关证明（包括工作具体内容及成效，仅 2020 年、2021 年、2022 年有效），并报省公司级单位人事部门审核、盖章。申报人员将签字盖章的“证明”扫描后在申报系统中上传，纸质版原件作为申报材料提交。

疫情防控一线专业技术人员获得省部级及以上表彰奖励（仅 2020 年、2021 年、2022 年有效），可破格申报高一级别的职称。申报人员在“获奖情况”栏目中对相应奖励进行填报，并提供《破格申请申报表》，需按照“破格申报人员”流程完成相关工作。

18. 继续教育

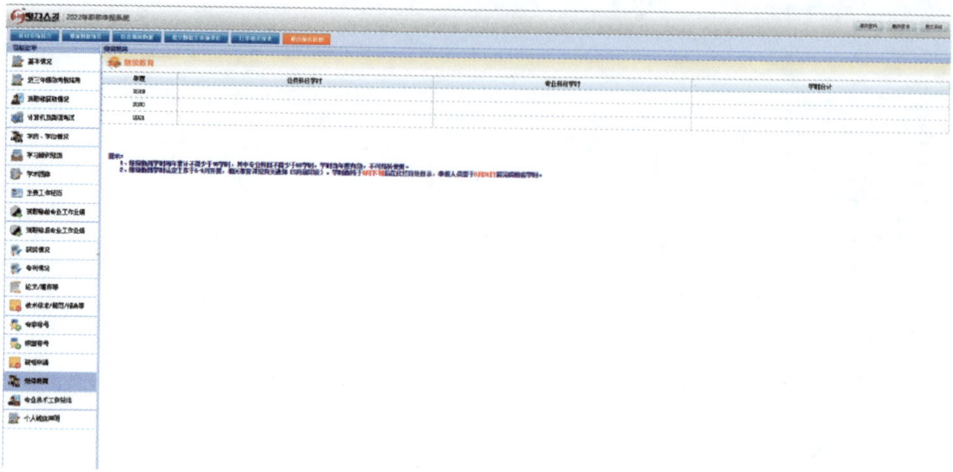

19. 专业技术工作总结

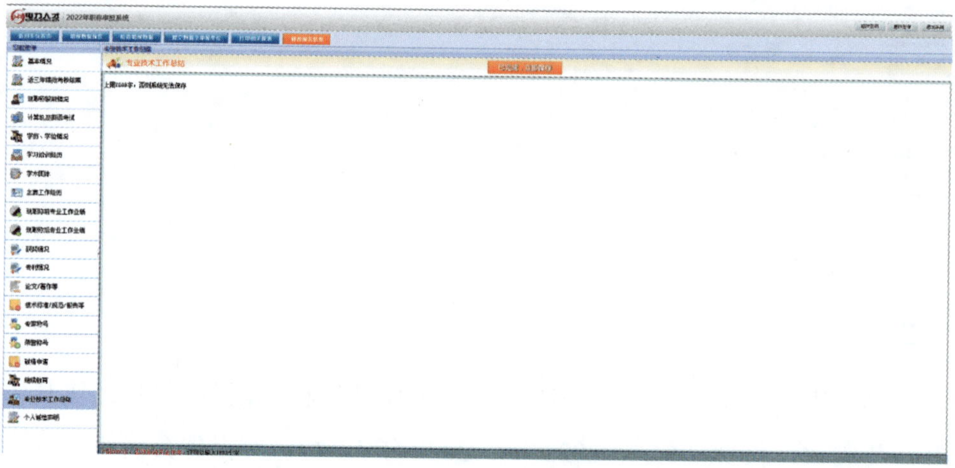

注：指取得现专业技术资格后的个人工作总结，系统字数上限2000字。

20. 个人诚信声明

注：申报者需提交“个人诚信声明”，对填报内容及提交材料真实性、准确性负责，如有不实之处，本人需承担相应责任。实行学术造假“一票否决制”，对申报人员弄虚作假等违规违纪行为严肃处理，撤销其取得的职称，原则上3年不得申报，情节严重的，追究相关责任。

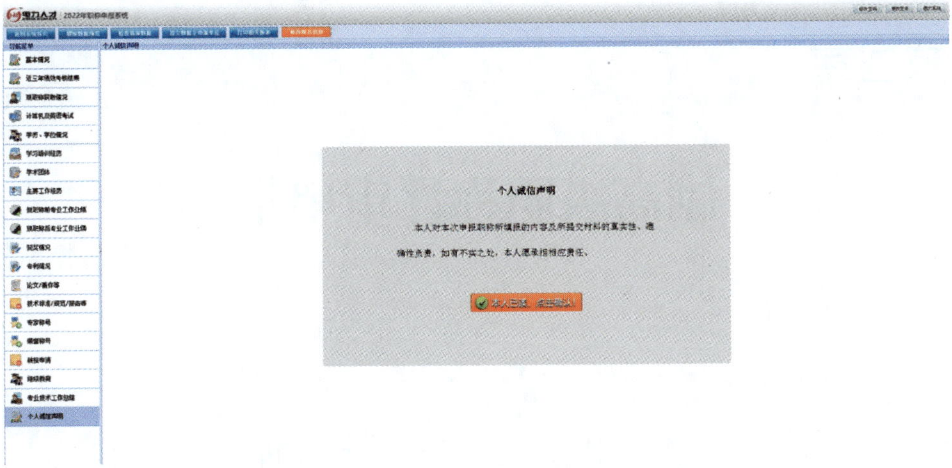

（四）检查及提交数据

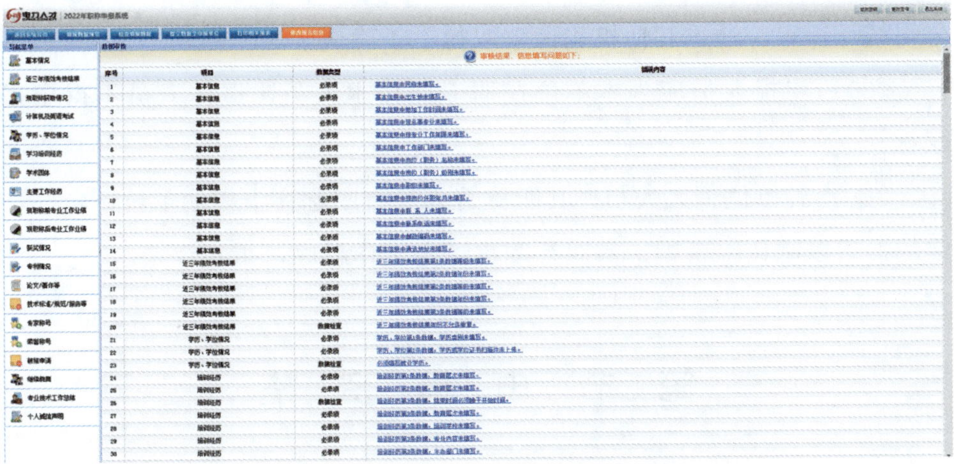

检查填报数据，确认所有信息无误后再提交。

第二章

副高级职称评审申报

第一节　申　报　原　则

（一）公司具备电力工程技术专业副高级职称评审权，申报者需参加公司统一评审，通过其他机构评审取得不予确认。

（二）申报人员应为本单位在职专业技术人员，退休人员不得申报职称。

（三）外单位调入人员，其职称若为具有职称评审权的单位评定或认定的，予以承认；否则，需履行职称评定工作程序，重新评定。

第二节　申　报　资　格

系列	职称名称	学历要求	年限要求			绩效考核	继续教育	评定方式	文件依据
			本科、双学士、硕士	博士	博士后				
电力工程系列	高级工程师	大学本科及以上学历（理工科）	取得中级职称后本专业年限满5年	取得中级职称后本专业年限满2年	期满出站后，可依据在站期间的科研成果评定	近三年绩效考核结果均为C级及以上	继续教育学时（学分）达到规定要求	公司考试+业绩积分+评审	国家电网企管〔2022〕508号文件附件1《国家电网有限公司职称评定管理办法》

补充说明：

（一）参加评审资格要求

根据《国家电网有限公司职称评定管理办法》，工程系列副高级职称评定工作采取“考评结合”方式开展。自 2023 年起，公司副高级职称考试（以下简称“职称考试”）常态化开展，职称申报人员需参加职称考试，考试合格者方可报名参加公司副高级职称评审（详见附件“人才评价〔2023〕10 号 关于举办 2023 年副高级职称考试的通知”）。

（二）时限要求

计算现有职称取得年限、业绩成果取得时间或从事专业技术工作年限的截止时间，均为职称申报年度的 12 月 31 日。

（三）学历要求

1. 一般需同时具备理工科专业学历和**工程技术工作经历。**

2. 具备规定学历，非理工科专业学历，需取得 2 门及以上大专层次专业对口的专业课程自学考试单科结业证书，或华北电力大学电气工程专业课程研修班结业证书可参加副高级职称评审。

3. 技能人员申报电力工程技术专业副高级职称：技工院校预备技师（技师）班毕业，可按相当于本科学历申报。

4. 确实经过中央党校、各省（市、区）党校和境外院校规定学时、课时的学习（有学籍档案），所取得的学历、学位与国民教育学历具有同等效用，在职称评定中应予以承认。

（四）工作年限要求

规定年限是指在取得规定学历的前提下，申报评定相应级别职称必须具备的本专业年限和现职称后本专业年限。“本专业年限”是指截止申报年度12月31日，本人参加工作后所从事的与申报系列一致的专业技术工作累积年限之和。“现职称后本专业年限”是指截止申报年度12月31日，取得现职称后所从事的与申报系列一致的专业技术工作累积年限之和。

1. 转系列申报。员工工作调动或岗位调整，可申报现岗位专业对应的职称，即“转系列申报”。转系列申报同一级别职称为**“同级转评”**，转系列申报高一级别职称为**“转系列高报”**。

（1）同级转评：具备理工科专业学历和工程技术工作经历但现职称为非工程系列，从事所转申报专业满2年。

（2）转系列高报：具备理工科专业学历和工程技术工作经历但现职称为非工程系列，需满足所转系列相应级别的年限（本科、双学士、硕士满5年；博士满2年）要求。

2. **转业军人和原公务员**，属于首次参加职称评定的人员，需严格执行规定学历前提下的“本专业年限”：本科毕业后满10年、取得硕士学位后满8年、取得博士学位后满2年，可直接申报评定副高级职称。

3. **技能人员**，在工程技术领域生产一线技能岗位工作、具有**理工科学历**、符合工程系列学历层次要求且取得现从事专业相应高级技师资格的员工，在取得高级技师资格后且从事技术技能工作满4年，可申报电力工程副高级工程师。

4. 破格申报条件。对于不具备规定学历或年限要求的申报人员，符合下列条件之一，可破格申报副高级职称。

（1）获得省部级科技进步奖、技术发明奖、自然科学奖二等奖及以上奖励的主要贡献者。

（2）享受省部级政府特殊津贴人员等省部级人才。

5. **疫情防控**一线专业技术人员**可提前一年**申报副高级职称；获得省部级及以上表彰奖励，**可破格申报高一级**别的职称。

注：疫情防控一线工作情况相关证明及奖励仅2020年、2021年、2022年有效。

注：公司抗疫一线人员主要指参与抗疫重大项目建设（如雷神山、火神山、方舱医院等电力设施建设、改造及保电工作）、进驻疫情隔离区救护（入赴武汉医疗救护、国外专援）、重要科技项目研发（如疫病防治、疫苗生产关键核心技术研究等）人员。

注：疫情优惠政策不适用于技工院校学历人员和用于申报转系列评审。即疫情优惠政策仅破格年限不破格学历。

6. **援藏援疆援青**人员职称申报参照国家相关规定执行。

注：※※援即援派期间工作可算作本专业（申报专业）工作年限计入。

注：※※**援藏援疆援青**人员申报政策遵循保密制度，该类人员申报请咨询上级。

（五）主要贡献要求

取得工程师资格后，作为负责人或主要工作人员，在工作中做出以下贡献之一：

1. 完成国家或地方一项大型或二项及以上中型工程可行性研究、设计、施工或调试，通过审查或验收。

2. 完成国家或省（部）级重大科技项目，或重点引进项目的消化、吸收，有较大的创新性。

3. 完成二项及以上技术难度较大的技术项目（包括制定技术标准、技术规范、新技术开发、新技术推广等），经验收认定取得较大的社会效益和经济效益。

4. 完成的项目获得一项国家、省（部）级科学技术进步奖或二项及以上网（省）局级科技进步（成果）奖（优秀设计或优质工程等专项奖等同科技三等奖）。

5. 提出科技建议，被省（部）级有关部门采纳，对科技进步和专业技术发展有重大促进作用。

6. 在生产中，能保证安全经济运行；在设计、施工、设备检修或修造中，能保证质量、缩短工期和节约投资，经实践检验取得显著的技术经济效益。

（六）作品成果要求

取得工程师资格后，撰写下列技术报告或论著之一：

1. 独立撰写过两篇及以上本人直接参加的重要工作的正式技术报告。要求立论正确，数据齐全、准确，观点清晰，结构严谨，具有较高的学术水平或实用价值。

2. 独立或作为第一撰写人在省（部）级及以上组织的学术会议、或在国家批准出版的科技期刊上发表过两篇及以上具有较高学术水平的学术或技术论文。

3. 作为主要作者，正式出版过一本学术、技术专著或译著。

4. 编写或修订公开出版发行的技术规范、规程、标准或教材、技术手册，其中本人撰写的部分不少于30000字。

5.主持网（省）公司级单位委托的制定或修改有关规程、技术规范、导则、规章等的编写工作。

（七）分支专业要求

申报者选择申报评定的专业一般应以本人所从事的专业及所取得的业绩为依据，并对照相应专业《评审条件》《评定标准》的专业划分自主确定。

“电力工程技术人员”包括从事发电、输电、变电、配电、用电、电网技术、电力环保、电力标准化、电力信息技术等电力工程的**科学研究、规划设计、施工建设和生产运行**的专业技术工作人员。具体分为四类专业，**热能动力工程专业，水能动力工程专业，输配电及用电工程专业，电力系统及其自动化专业**。

分支专业	从事专业
热能动力工程专业	包括锅炉、汽轮机、燃气轮机、热工过程控制及其仪表、供热与制冷、火电厂建筑与安装、物料输送、金属与焊接、火电厂化学、火电厂环保、火电厂劳动保护、新型发电技术及其他与热能动力工程有关的专业
水能动力工程专业	包括水能利用（含水库）、工程地质、水文泥沙、水工建筑物、水力机械、金属结构、水电厂自动化、水电工程环保、风能发电技术及其他与水能动力工程有关的专业
输配电及用电工程专业	包括发电机、电动机、变压器、绝缘技术、高低压电器设备、输电线路和变电站、电磁环境、配电与用电系统及控制、电气测量技术、电能质量管理及其他与输配电及用电工程有关的专业
电力系统及其自动化专业	包括电力系统规划、电力系统运行与分析、电力系统自动化、继电保护及安全自动装置、电力系统通信及其他与电力系统及其自动化有关的专业

对于一些不易归属的专业，可按如下规定掌握：

1. 各科研院以调试为主和地市公司设计所（室）的工程专业技术人员，可按所从事专业申报“电力工程”生产运行的相应专业。

2. 科研院从事规划设计的工程专业技术人员可按所从事专业申报“电力工程”规划设计的相应专业。

3. 工民建等专业可申报“电力工程”施工建设的相关专业。

4. 从事电力系统通信、计算机应用等专业的工程技术人员，申报职称时根据所服务的对象（专业）确定申报专业，副高级职称考试专业可选择“电力数字及信息通信技术”。

（八）继续教育要求

根据《国家电网有限公司专业技术人员继续教育管理规定》（国家电网企管〔2021〕70 号），专业技术人员申报职称需满足继续教育学时要求，职称认定前 1 年和评定前 3 年的继续教育年度学时不达标的，不得申报。

年度继续教育时间不少于 90 学时，其中，专业科目不少于 60 学时，且必修公需课目不少于 10 学时、必修专业科目不少于 20 学时。部分专业科目学时可通过其他形式折算获得，折算标准按照《专业技术人员继续教育专业科目学时折算标准》执行。

（九）费用要求

国网人才中心统收统支。

1. 报名费。200 元/人。申报同一专业、同一级别职称按一次性收取。复审未通过（未达标）和评委会评审未通过人员，报名费自动转入下一年度。

2. 评审费。700 元/（人·次）。

3.考试费。200 元/（人·次），考试用书单价为 98 元/册。

第三节 职 称 考 试

（一）考试组织及证书

主要包职称考试工作由国网人才中心统一组织，原则上每年开展一次，包括考试报名、考试辅导用书征订、考试命题、搭建考试信息管理系统、监考等工作，并在考试合格后颁发电子版《副高级职称考试合格证书》（以下简称《合格证书》）。

《合格证书》适用于申报相应系列（专业）副高级职称，有效期 5 年（截止日为取证的第 5 年年底）。

（二）考试形式与内容

采用线下闭卷、机考的方式进行。

职称考试分为输配电及用电工程、电力系统及其自动化、热能动力工程、水能动力工程、电力数字及信息通信技术、工业工程技术、档案和政工 **8 个专业。各专业考试均包含**企业文化与能源战略、一般能力、专业通用基础理论和专业技术与实务 **4** 个科目。

*输配电及用电工程、电力系统及其自动化、热能动力工程和水能动力工程 4 个专业考试辅导用书，考生可通过外网登录“考试报名及辅导用书订购平台”自愿订购。

（三）考试时间与题型

考试时间为 150 分钟，考生在同一时间段内完成全部科目考试，试题均为客观题。4 个科目全部合格的考生，方可获得《合格证书》。

（四）报名网址及要求

采取网上报名形式开展。网址：电力人力资源网“考试报名及辅导用书订购平台”（外网 http://www.cphr.com.cn）。

考生报名的考试专业应与其职称申报专业保持一致。

（五）考试流程

包括考试报名交费、单位审核、打印准考证、参加考试、成绩公布等环节。

审核通过的考生自行打印《准考证》并参加线下考试，考试结束 15 个工作日后，考生登录“考试报名及辅导用书订购平台”查看考试结果。合格人员名单网上公示 5 个工作日。

第四节 评 审 方 式

副高级职称评定的最终评定结果以相应系列评审委员会评审平均分、个人“加权总积分”按 6:4 比例加权计算评定总分，评定总分达标者为评定通过。

（一）副高级业绩积分

主要包括专业理论水平积分、中级职称取得年限积分、主要贡献和作品成果积分、水平能力积分、申报人员所在单位评价积分 5 部分积分，系统将自动给出申报者各项实际积分及加权总积分。

<table>
<tr><th>评价指标</th><th>最高分</th><th>达标分数要求</th><th colspan="8">备注</th></tr>
<tr><td>专业理论水平</td><td>30</td><td>—</td><td colspan="8">1. 博士且专业对口 30 分；
2. 硕士且专业对口以及博士但专业不对口 20 分；
3. 双学士且专业对口 18 分；
4. 本科且专业对口（含双学士单一专业对口，下同）、硕士但专业不对口、双学士但两个专业均不对口 15 分；
5. 本科但专业不对口 5 分</td></tr>
<tr><td rowspan="6">中级职称取得年限</td><td rowspan="6">50</td><td rowspan="6"></td><td colspan="2" rowspan="2">学历及技能等级</td><td colspan="6">中级职称或技师资格</td></tr>
<tr><td>满 6 年</td><td>满 5 年</td><td>满 4 年</td><td>满 3 年</td><td>满 2 年</td><td>满 1 年</td></tr>
<tr><td rowspan="4">申报人员</td><td>博士</td><td>50</td><td>50</td><td>50</td><td>50</td><td>50</td><td>/</td></tr>
<tr><td>硕士及以下学历（含学制满 2 年的国外硕士、2022 年 3 月 22 日及以后学制不满 2 年的国外硕士满 4 年认定中级职称、2022 年 3 月 22 日以前学制不满 2 年的国外硕士满 3 年认定中级职称）</td><td>50</td><td>50</td><td>/</td><td>/</td><td>/</td><td>/</td></tr>
<tr><td>2022 年 3 月 22 日及以后学制不满 2 年的国外硕士不满 4 年认定中级职称、2022 年 3 月 22 日以前学制不满 2 年的国外硕士不满 3 年认定中级职称</td><td>50</td><td>/</td><td>/</td><td>/</td><td>/</td><td>/</td></tr>
<tr><td>高级技师</td><td>50</td><td>50</td><td>50</td><td>/</td><td>/</td><td>/</td></tr>
</table>

续表

<table>
<tr><th colspan="2">评价指标</th><th>最高分</th><th>达标分数要求</th><th>备注</th></tr>
<tr><td colspan="2">中级职称取得年限</td><td>50</td><td></td><td>
<table>
<tr><td rowspan="2"></td><td rowspan="2">学历及技能等级</td><td colspan="6">中级职称或技师资格</td></tr>
<tr><td>满6年</td><td>满5年</td><td>满4年</td><td>满3年</td><td>满2年</td><td>满1年</td></tr>
<tr><td rowspan="4">年限破格申报人员</td><td>博士</td><td>/</td><td>/</td><td>/</td><td>/</td><td>/</td><td>35</td></tr>
<tr><td>硕士及以下学历（含学制满2年的国外硕士、2022年3月22日及以后学制不满2年的国外硕士满4年认定中级职称、2022年3月22日以前学制不满2年的国外硕士满3年认定中级职称）</td><td>/</td><td>/</td><td>35</td><td>20</td><td>5</td><td>5</td></tr>
<tr><td>2022年3月22日及以后学制不满2年的国外硕士不满4年认定中级职称、2022年3月22日以前学制不满2年的国外硕士满3年认定中级职称</td><td>/</td><td>35</td><td>20</td><td>5</td><td>0</td><td>0</td></tr>
<tr><td>高级技师</td><td>/</td><td>/</td><td>/</td><td>35</td><td>20</td><td>5</td></tr>
</table>
</td></tr>
<tr><td colspan="2">水平能力</td><td>12</td><td>—</td><td>外语水平合格4分，不合格0分；计算机水平合格8分，不合格0分</td></tr>
<tr><td rowspan="2">主要贡献和作品成果</td><td>主要贡献</td><td>46</td><td>18</td><td>包括资格后业绩情况、获奖情况等业绩成果、角色、奖项级别等级对应分值</td></tr>
<tr><td>作品成果</td><td>12</td><td>6</td><td>包括论文、著作、译作、技术报告等作品类别、角色排名对应分值</td></tr>
<tr><td colspan="2">单位评价</td><td>20</td><td>—</td><td>包括政治表现+申报人主要工作经历和能力</td></tr>
<tr><td colspan="2">实际总积分</td><td>150</td><td>—</td><td>专业理论水平+中级职称取得年限+水平能力+主要贡献和作品成果+单位评价</td></tr>
<tr><td colspan="2">加权总积分</td><td>150</td><td>99</td><td>实际总积分与加权总积分的区别在于，是否包含了“政治表现、职业道德”两个评价因素并加权计算。若2者均为“是”，则加权总积分等于实际总积分；若2者有1项为“否”，则加权总积分为0。其中，“政治表现、职业道德”由所在单位评价</td></tr>
</table>

（二）评审委员会评审打分

相应系列评审委员会正式评审实行在线评审打分方式。在线评审打分将根据申报者专业理论水平、中级职称取得年限、主要贡献和作品成果、水平能力、申报人员所在单位评价5部分鉴定和评价情况进行；“在线积分评定系统”将按统一规范的程序，计算并给出每位被评者的评委会评审打分结果。

评审委员会评审打分满分为100分。

第五节 评 审 流 程

（一）网上申报

1. 网上报名。职工登录“国网人才评价中心职称管理系统”，进入“2023年职称申报专栏”，填写报名信息。网址：portal.cphr.sgcc.com.cn（内网）；www.cphr.com.cn（外网）。

2. 信息填报。填写个人真实信息，上传本人近期免冠证件标准照片和各类佐证材料扫描件。按照系统提示，确认符合申报条件再交纳报名费。

3. 数据提交。申报者在系统内将数据提交至上级“申报单位”。

4. 准备初审材料。申报者在数据提交后，打印《职称申报初审表》《职称申报公示表》《材料清单》《主要贡献鉴定意见表》《作品成果鉴定意见表》《所在单位评价意见表》各1份。申报者将相关报表连同与所录入内容相对应的佐证材料的原件及复印件，送所在单位人事部门审查。

注：申报者需在申报时提交全部申报材料。各单位在复审工作开始后，以及整个评审过程中，任何人不得再补交材料。

5. 所在单位初审公示。所在单位人事部门对申报者提交的《职称申报初审表》《职称申报公示表》、佐证材料进行审核。对申报者的水平、能力、业绩进行鉴定评价，在《鉴定表》《评价表》上选择填涂、签字盖章后扫描。《职称申报公示表》公示 5 个工作日后，人事部门在《职称申报初审表》上签字、盖章，在业绩佐证材料复印件上盖章（原件退还本人）后，将扫描件报送至申报单位（地市公司级单位）审核。

6. 申报单位审核。申报单位对上报的初审材料及系统中数据进行审核。将鉴定、评价结果分别录入到主要贡献、作品成果、单位评价模块中，上传鉴定及评价意见表扫描件并系统提交至主管单位（省公司级单位）。

注：申报者需在申报时提交全部申报材料。各单位在复审工作开始后，以及整个评审过程中，任何人不得再补交材料。

7. 主管单位审核。各主管单位需登录系统对数据进行**复审**。审核确认后将数据提交至国网人才中心。

8. 在线查询复审结果。系统按统一规范的程序和积分标准，计算出申报者加权总积分。国网人才中心进行汇总审核。申报者可登录系统查询复审结果，查看各项积分结果。同时，复审结果将在系统上进行公示。

9. 完成“职称申报”。积分达标人员，通过支付宝或农业银行平台网上支付评审费，系统显示“已交费”状态后，即完成“职称申报”工作。交纳评审费超过时限，视为自愿放弃当年评审资格。

（二）评审阶段

加权总积分达标者方可进入相应系列评审委员会正式评审阶段；相应系列评审委员会在线审查申报者所有业绩情况（即专业技术水平、能力、业绩、中级职称取得年限相关电子材料，下同），根据副高级《评定标准》及其《业绩积分标准》进行相应系列评审委员会全体评委专家“背靠背”打分，计算得出评审平均分。

（三）公开审查阶段

最终评定结果以相应系列评审委员会评审平均分、个人“加权总积分”

按 6:4 比例加权计算评定总分，总分达标者为评审通过，评审通过名单公示 5 个工作日。

（四）发文认证阶段

国网人才中心印发职称通过文件、印发职称证书并将通过职称评定名单转入“历年职称备查库”。待正式发文后，各申报单位需通过系统打印《职称评定表》2 份，在相应栏目签字、盖章，并归档。

第六节 系 统 操 作 说 明

（一）注册登录

用 Google 浏览器登录电力人才网站 www.cphr.com.cn 内外网同步。

填写个人基本信息，其中工作单位填写劳动合同单位的全称。

正确选择专业系列，根据本人岗位和业绩选择分支专业。与现职称资格专业方向一致，并根据满足申报条件项对应选择申报方式。“申报单位”务必正确选择本人所在地市级公司。

申报方式：含正常申报晋级、同级转评、转业军人、公务员调入、技能人员申报职称五类。

正常申报晋级：正常晋级申报（含转系列高报）。如：工程师→副高级工程师；政工师→副高级工程师。

同级转评：其他系列副高级职称转评为副高级工程师。如：副高级政工师→副高级工程师。

转业军人：首次参加职称评定的军队转业干部。

公务员调入：首次参加职称评定的原公务员身份人员。

技能人员申报职称：技能人员仅能申报电力工程副高级工程师。如：高级技师→副高级工程师。

确认个人信息无误后提交。注册完成后进行个人登录。如果往年报过，重新注册后，往年填写的内容会自动同步到本人账户里。

（二）报名缴费

在业绩提交前及时完成报名费缴费。完成缴费后，状态显示“已缴费”。

（三）信息填报

1. 基本情况

▲“现从事专业”是指现从事与申报专业相关的专业。

▲“现专业工作年限”是指截止申报年度12月31日，本人参加工作

后所从事的与申报系列一致的专业技术工作累计年限之和。

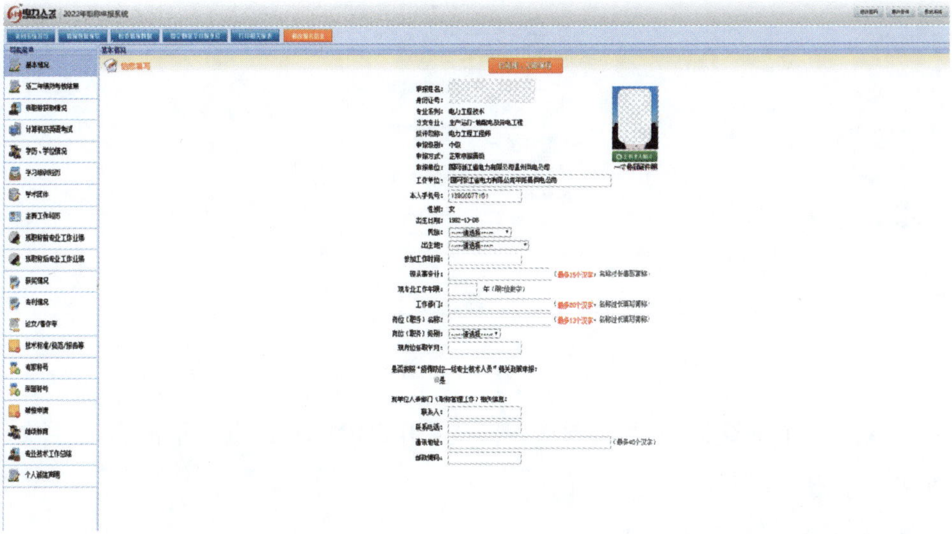

2. 近三年绩效考核结果

▲如实填写近三年绩效考核结果。

3. 现职称获取情况

▲正确输入现职称/技能等级证书信息。证书扫描件包括编码页、照片页、姓名页及主要信息页，并确保扫描件清晰、方向端正。其他资格模块里可上传其他证书。

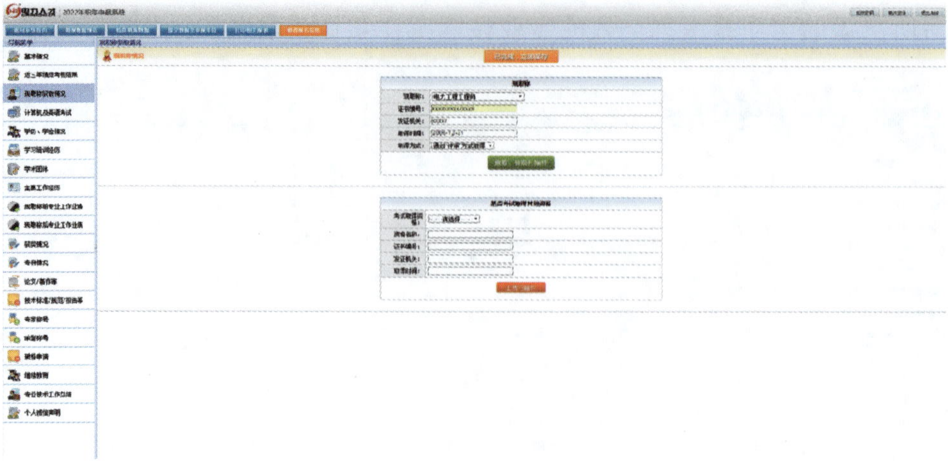

▲系统中提交附件格式要求：格式：JPG.PNG；命名：不能含有中文。数字、字母构成。

4. 计算机及英语考试

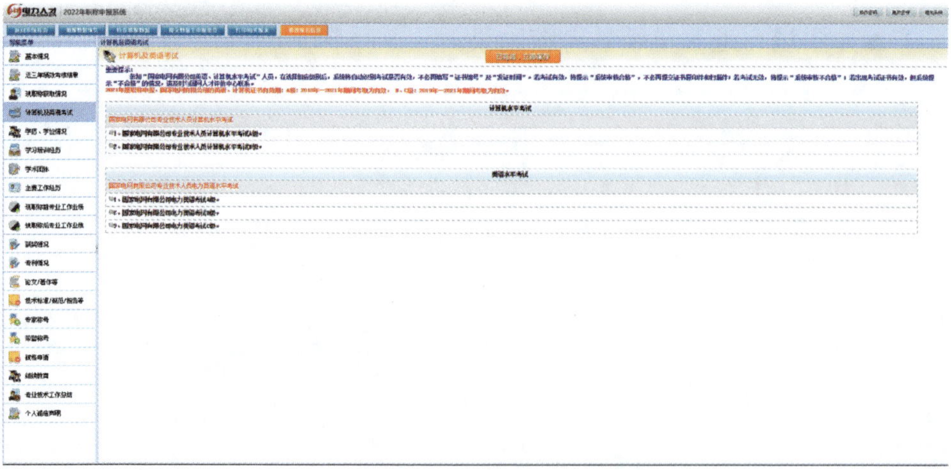

参加“国家电网有限公司英语、计算机水平考试”人员，在选择相应级别后，系统将自动识别考试是否有效，不必再填写“证书编号”及“发证时间”。若考试有效将提示“系统审核合格”，不必再提交证书复印件和扫描件；若考试无效，将提示“系统审核不合格”；若出现考试证书有效，但系统提示“不合格”的情况，请及时与国网人才评价中心联系。

注：自 2016 年度职称申报开始，英语、计算机考试成绩不再作为申报必备条件，但仍作为职称评定的水平能力标准之一。自 2020 年度开始，电力英语和计算机的考试免试条件取消，仅国网的电力英语、计算机水平考试成绩有效。

国网电力**英语**证书分为 A、B、C 三个等级，**A、B 适用于申报副高职称。**有效期分别是 A 级 4 年和 B 级 3 年（截止日为取证的对应年限年底）。

国网电力**计算机**证书分为 A、B 两个等级，均适用于申报副高职称。有效期分别是 A 级 4 年和 B 级 3 年（截止日为取证的对应年限年底）。

5. 学历、学位情况

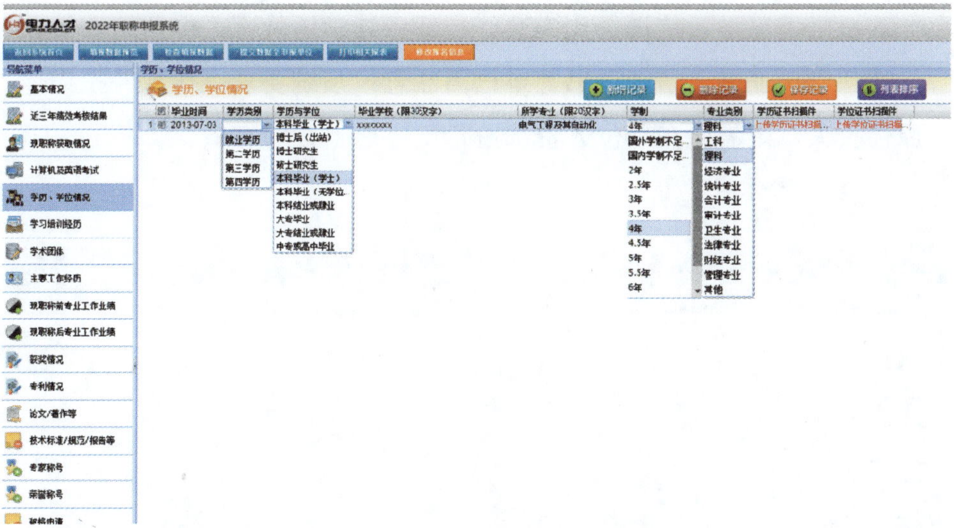

▲填写学历、学位情况，上传证书扫描件，确保方向端正、清晰，并保存记录。

▲系统自动测试学历是否符合条件。就业学历为必填项，学历按照时间顺序填写，每个学历只能填写一次。

注：学历证书等审核需注意：系统要求上传原件扫描件，如原件丢失，则需所在单位人资部盖章签字后上传即有效。

6. 学习培训经历

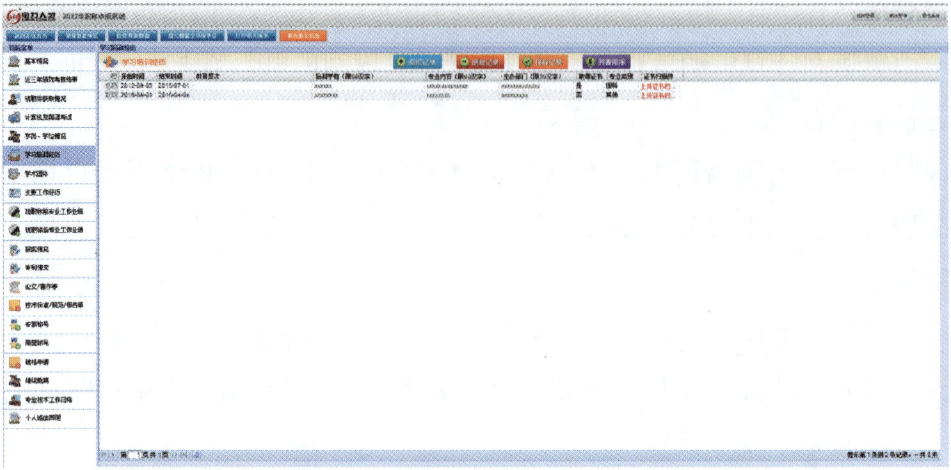

▲适当填写学习培训经历条数，包括后续学历教育、专业培训等。

注：学历证书、培训证书等审核需注意：系统要求上传原件扫描件，如原件丢失，则需所在单位人资部盖章签字后上传即有效。

7. 学术团体

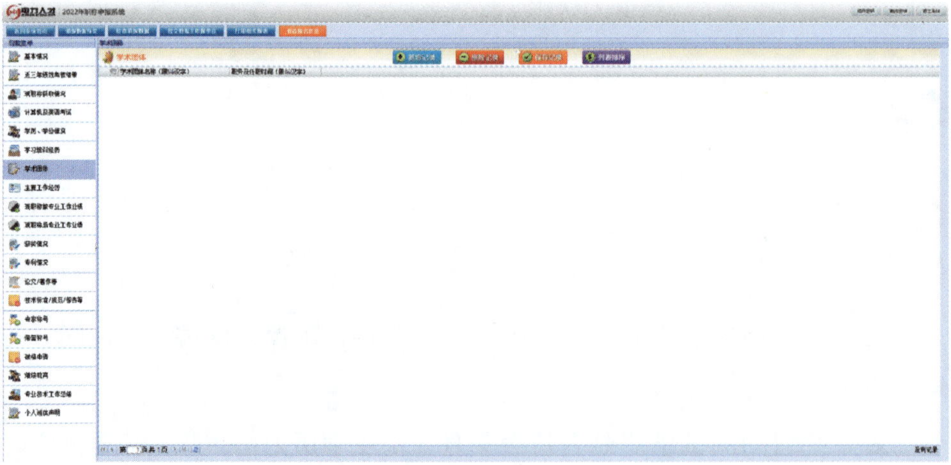

8. 主要工作经历

“工作经历”内容用于计算“资格后本专业年限”“本专业年限”，请对“时间段、专业类别、工作状态”准确填写。

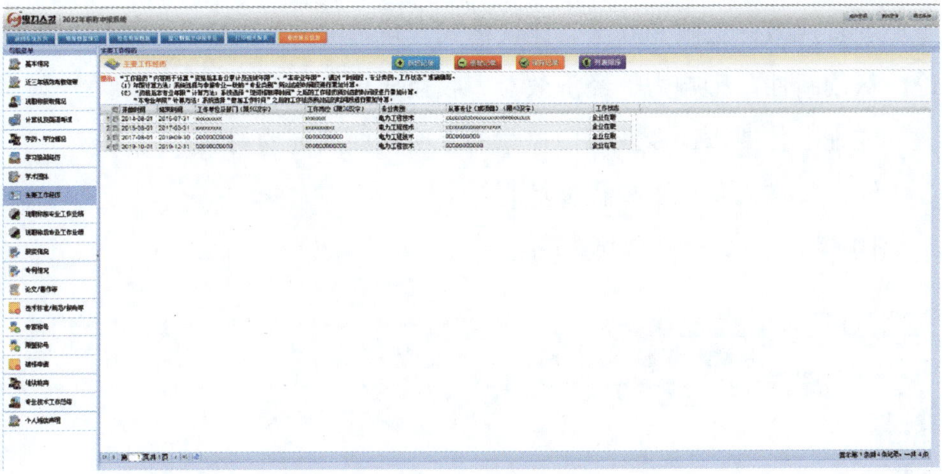

（1）年限计算方法：系统选择与申报专业一致的“专业类别”所对应的时间段进行累加计算。

（2）“资格后本专业年限”计算方法：系统选择“现资格取得时间”之后的工作经历所对应的时间段进行累加计算。

“本专业年限”计算方法：系统选择“参加工作时间”之后的工作经历所对应的时间段进行累加计算。

9. 现职称前专业工作业绩

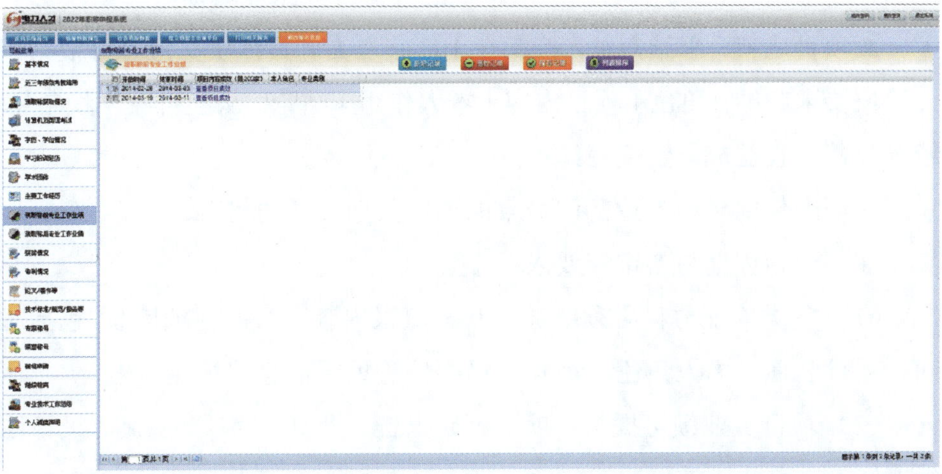

▲取得现职称之前的业绩。职称前专业工作业绩要与工作经历对应写，按要求对应填写工作业绩（主要填写与申报专业相符的业绩）。

项目成效：上限300字。建议格式为角色+项目内容+本人作用+结论，从创新性、影响力、经济效益、收益成果角度写结论。

佐证上传要求：专业部门盖章的证明页面及证明材料。

注：按本人角色重要程度填写。

10. 现职称后专业工作业绩

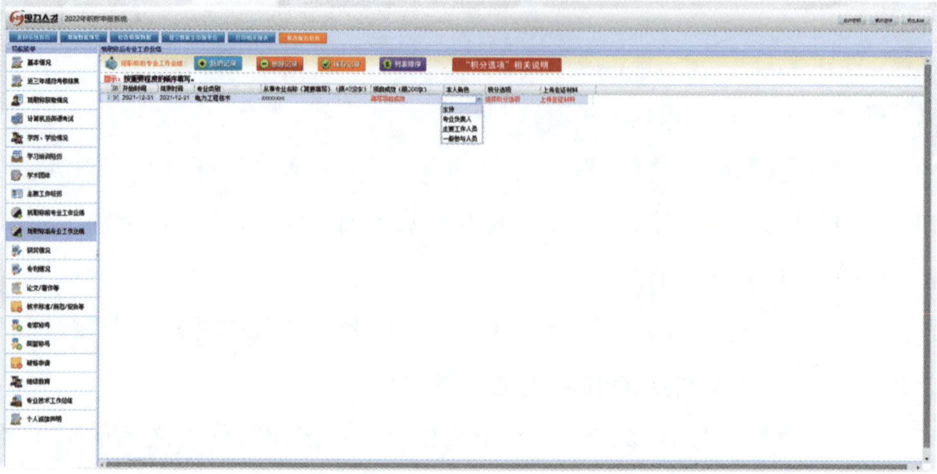

▲取得现职称之后的业绩。注意积分选项要均匀分布（尽可能涉及多个积分序号）。从事专业名称：从申报的分支专业角度填报。

▲项目成就：总结归纳，控制在100字左右。具体填写内容可根据积分选项要求归纳。角色+项目内容+本人作用+结论。从创新性、影响力、经济效益、收益成果角度写结论。

佐证上传要求：专业部门盖章的证明页面及证明材料。

注：业绩佐证材料审查要求：

（1）各类佐证材料必须能够反映与填报内容一致的各项信息，包括时间、项目名称、本人角色、级别、重要性等重要信息请标注出来。

（2）项目类业绩可提供：项目可研报告、批复、立项、实施、设计图纸、施工方案或措施、调试文件、验收报告（含阶段性）等过程材料，以及本人角色证明、实施效益证明、专家评价意见等。

（3）解决技术难题类业绩可提供：有关部门出具的技术报告、专家评审或鉴定意见，以及本人角色证明等。

（4）提出科技、经营管理或经济技术建议可提供：建议报告、有关部门批示等采纳（推广）证明。

（5）重点课题类业绩可提供：课题立项材料，阶段性验收材料、研究成果材料、结项验收材料、本人角色证明等。

（6）本专业领域管理改革、创新类业绩可提供：主管部门出具本人角色证明、推广应用证明、表彰文件，财务部门出具经济效益证明等。

注：*大、中、小型等级，参照如下标准执行：

（1）发电厂。

① 大型：300MW 及以上机组（大型≥300MW）；

② 中型：100～300MW 机组（300MW＞中型＞100MW）；

③ 小型：100MW 及以下机组（小型≤100MW）。

（2）变压等级。

① 大型：220kV 以上（大型＞220kV）；

② 中型：220kV（中型＝220kV）；

③ 小型：110kV 及以下（小型≤110kV）。

（3）企业规模。

① 大型：省公司等同级及以上单位（大型≥省公司等同级单位）；

② 中型：地区等同级单位（中型＝地区等同级单位）；

③ 小型：县级等同级单位（小型＝县级等同级单位）。

业绩成果的“主要贡献者（主要完成人）”，需是排名靠前的第一、二完成人及主要完成（参加）者。若排名靠后，但确系主要完成（参加）者，需提供本人所在单位主管部门出具的正式文件。该文件，需后附第一、二完成人分别亲自撰写并签名的“证明书”。文件及“证明书”需表明在该项目中被证明人承担任务的内容、重要程度及排名位次和排名靠后的原因，以及其他获奖人员名单（如获奖人数超过 15 人，可仅列出前 15 人名单并注明获奖总人数）。

11. 获奖情况

获奖等级：根据实际获奖等级对应选择；其他等级均按最低奖项选择。同一项成果多次获奖，只选最高级别。

*获奖类别供审核时参考：国家最高科学技术奖、自然科学奖、技术发明奖、科学技术进步奖、中国专利金奖、抗疫一线人员奖励、专业专项奖（优秀设计、优质工程）、其他。佐证材料需提供获奖证书或文件。（获奖正式文件必须有获奖项目和成员姓名等信息）。

*获奖级别供审核时参考：

（1）国家级：国家科学技术进步奖包括国家自然科学奖、国家科技进步奖、国家技术发明奖三类，其他奖项不计作国家级奖项。

（2）省部级（含行业级、国网公司级）：国家电网公司设立的科学技术进步奖、技术发明奖、技术标准创新贡献奖、专利奖、管理创新成果奖、软科学成果奖等奖项；省级单位颁发的奖项；各部委（国家级行业）设立的奖项；中国电机工程学会、中国电力企业联合会等省部级行业协（学）会颁发的奖项、科技部公布的社会力量设立科学技术奖项；中国企业联合会颁发的全国企业管理现代化创新成果奖。

（3）地市级（含省公司级）：各省公司颁发的科技进步奖、管理创新成果奖等奖项；各地市设立的奖项；各省厅局级设立的奖项；各省行业协会（学会）的专业奖。

（4）厂处级（含地市公司级、省公司直属单位级）：地市公司，省公司直属单位设立的科技成果奖项和管理创新成果奖等奖项。

（5）其他：国家知识产权局设立的中国专利金奖按省部级一等奖计分，中国专利奖、中国专利优秀奖按省部级二等奖计分。其他未标明奖项等级的优秀奖、优质奖、特别奖、创新奖、进步奖、管理创新成果奖等奖项，按同级别三等奖处理。

12. 专利情况

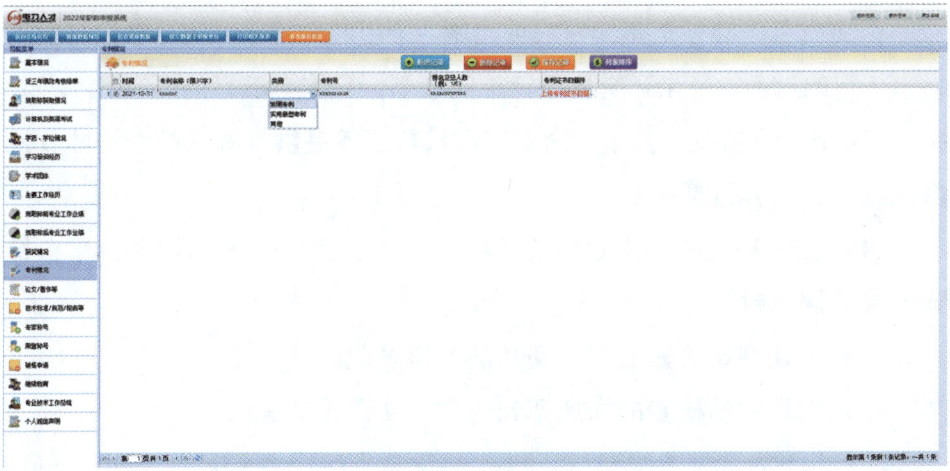

注：仅限于已授权且在有效期内的专利，海外专利不予认可。需提供专利授权证书。

13. 论文/著作等

注：严厉打击论文代写代发、虚假刊发等违纪违规行为，对于抄袭、剽窃、不当署名等学术不端行为，按照有关规定处理，撤销取得的职称，并记入职称申报评审诚信档案库。申报者提交的论文和技术报告等作品应

为取得现职称后撰写且与申报专业相关，内容不相关的作品属无效作品。

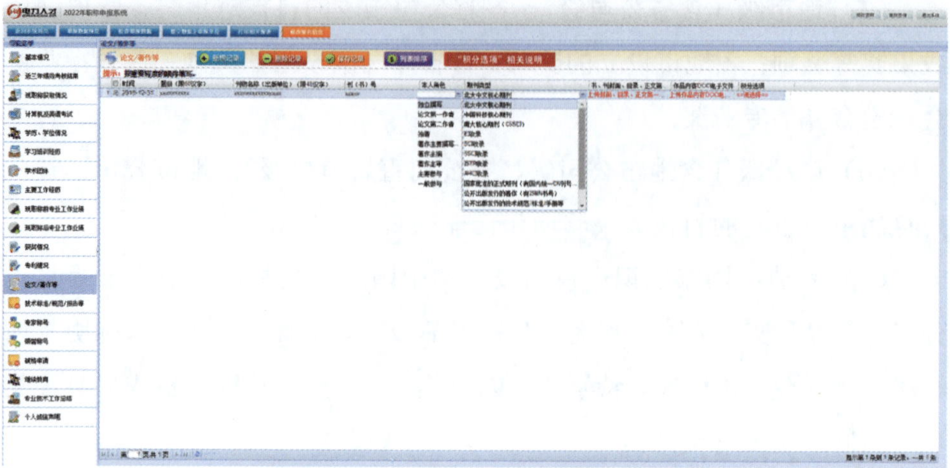

其中：

论文或著作必须是正式发表或出版，录用通知不予认可。申报时需提供书、刊的封面、目录（交流或评选的证书）和本人撰写的内容，不必将整本书、刊一同提交，**其中，论文佐证材料还需提供权威网站查询的收录情况截图。内容包括：**

（1）国家科技图书文献中心、中国知网、万方数据知识服务平台检索的同期期刊封面。

（2）上述网站检索的同名期刊基本信息截图。

（3）上述网站检索的同期期刊内本篇文章收录截图。

注：以下为常见的假期刊名称：《科学与生活》（汉语版）、《电力设备》（2008 年已停刊）、《中国电业》（杂志名称只有“中国电业”四个字）、《中国电业－发电》《中国电业技术》《当代电力文化》（旬刊、半月刊）。

***“核心期刊”**以北京大学的“北大中文核心期刊”、南京大学的“南大核心期刊（CSSCI）”、中国科学技术信息研究所的“中国科技核心期刊”、中国人文社会科学学报学会的“中国人文社科学报核心期刊”、中国社会科学评价中心的“中国人文社会科学期刊评价报告”、中科院文献情报中

心的“中国科学引文数据库（CSCD）来源期刊列表”目录为准。***职称申报系统已增加核心期刊查询按键。**

SCI 收录或 EI 收录的文章需提供有大学图书馆或教育部科技查新工作站盖章的收录证明，且注明查新工作人员姓名和电话。核心期刊目录每隔几年会根据期刊的质量和权威性进行动态调整，审核人员应审核该期刊刊发当年是否在核心期刊目录总览中。

“有正式刊号的普通期刊”审查以封面或版权页上有 ISSN 和 CN 的组合字样出现为准。可在国家新闻出版署或中国知网、万方数据等期刊数据登录网站查到。

“省（市、区）批准的内部准印期刊”审查以封面或版权页上有“×内资准字”出现为准（如：《电力人力资源》，为“京内资准字 9908－L0825”）。

“学术会议上发表”必须要有学术会议主办部门的证明页。

“著作”审查以有正规的出版社为准。佐证材料要求著作封面、版权页、编委页、目录页、正文节选、出版单位出具的字数证明。

注：论文、著作、技术报告等审查要求：

（1）论文类提供：期刊（公开出版的会议论文集）封面、版权页、目录页、论文正文、SCI（EI）检索证明以及**权威网站查询的收录情况截图**。

（2）著作类提供：封面、版权页、编委页（本人角色页）、目录页、正文节选。

（3）教材或技术手册类提供：封面、版权页、编委页（本人角色页）、目录页、正文节选。

14. 技术标准/规范/报告等

注：“技术报告”应为申报者在当时完成专业技术项目之后，对完成或解决某项具体技术工作问题的报告。申报时需提供专业技术负责人的证明（或鉴定意见）。

申报时须提供专业技术负责人的证明（或鉴定意见）。每个技术报告要有专业部门证明、证明人签字、专业部门盖章，扫描好作为技术报告第一页。

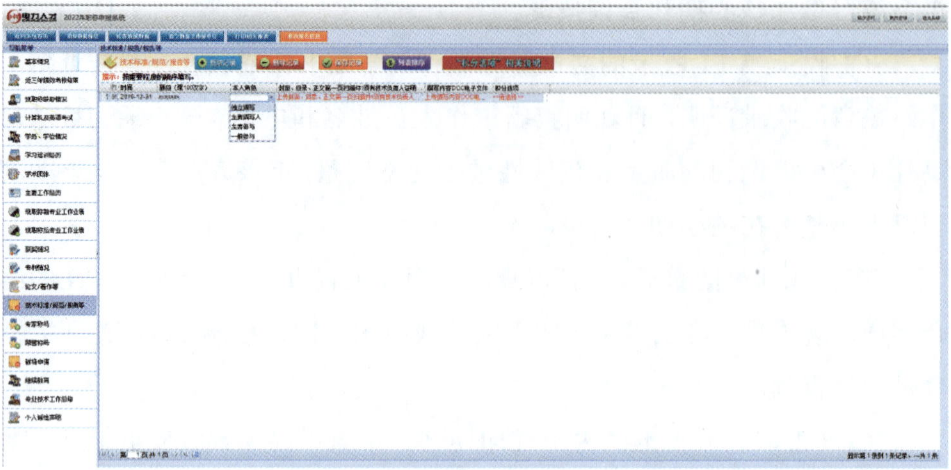

技术报告扫描顺序：证明页、封面（含编写人、审核人、审批人签字）、目录、正文第一页。

技术报告可以是未出版的论文、实施细则、典型经验。

技术报告是描述科学研究过程、进展、结果，或者研究过程中遇到问题的文档，可以是某项项专业工作调查报告，实施方案等，具体灵活掌握。

技术报告类提供：正式颁布的标准、导则、规范、规程封面、正文节选、本人角色页等。

研究报告、项目报告等代表性成果提供：研究、项目、报告等成果封面、正文节选、本人角色页等，相关单位出具的成果应用证明。专业技术负责人的证明（或鉴定意见），证明内容包括申报人员在整个项目中参与完成的角色，参与程度，项目中具体承担工作的重要性等，并由项目负责人或技术负责人签字，项目完成单位盖章。

15. 专家称号

▲点击“新增”，选择对应的专家称号：

“百千万人才工程”国家级人选、国家高层次人才特殊人才支持计划专家、“创新人才推进计划”中青年领军人才、国家有突出贡献的中青年专家、享受国务院政府特殊津贴人员（技术类）、享受省部级政府特殊津贴人员（技术类）。

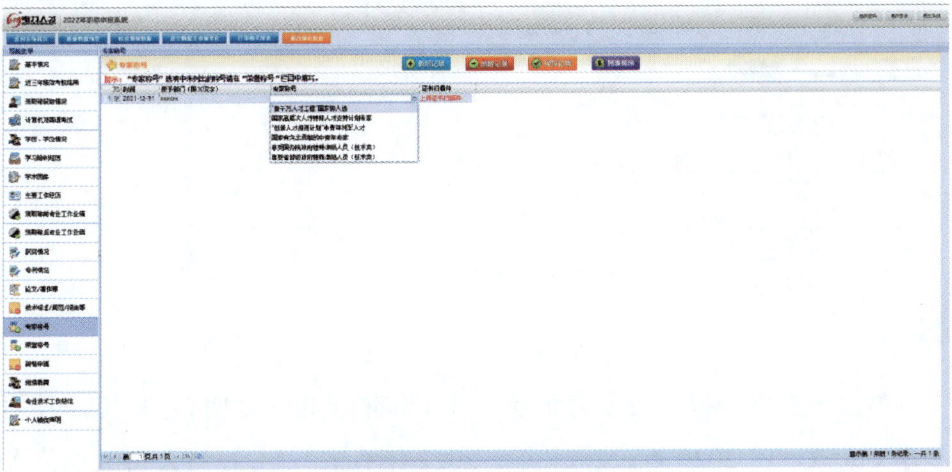

▲上传相应表彰文件或证书等佐证材料

▲“专家称号”选项中未列出的称号请在“荣誉称号”栏目中填写。

16. 荣誉称号

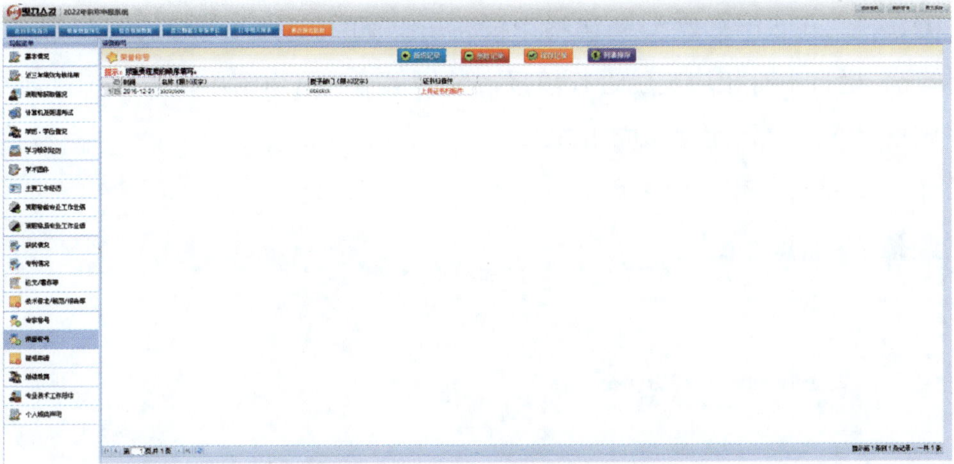

注：荣誉证书、表彰文件、各类集体荣誉中均需有本人姓名，未体现个人姓名的材料，需原出具单位证明盖章，否则不能算。不能提供荣誉证书或荣誉文件的，不能算。除上面的专家称号外的荣誉称号填写到此处，如先进个人、劳模、岗位能手、优秀党员等。

17. 破格申请

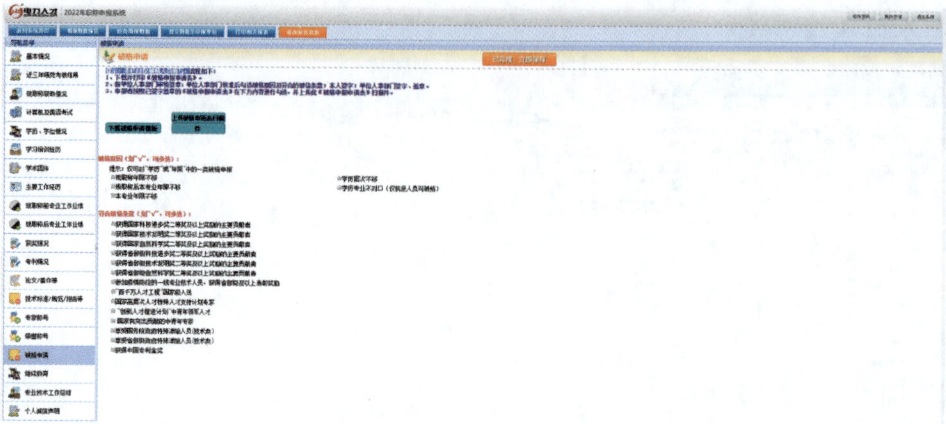

单位需提供申报人员疫情防控一线工作情况相关证明（包括工作具体内容及成效，仅 2020 年、2021 年、2022 年有效），并报省公司级单位人事部门审核、盖章。申报人员将签字盖章的“证明”扫描后在申报系统中上传，纸质版原件作为申报材料提交。

疫情防控一线专业技术人员获得省部级及以上表彰奖励（仅 2020 年、2021 年、2022 年有效），可破格申报高一级别的职称。申报人员在“获奖情况”栏目中对相应奖励进行填报，并提供《破格申请申报表》，需按照“破格申报人员”流程完成相关工作。

18. 继续教育

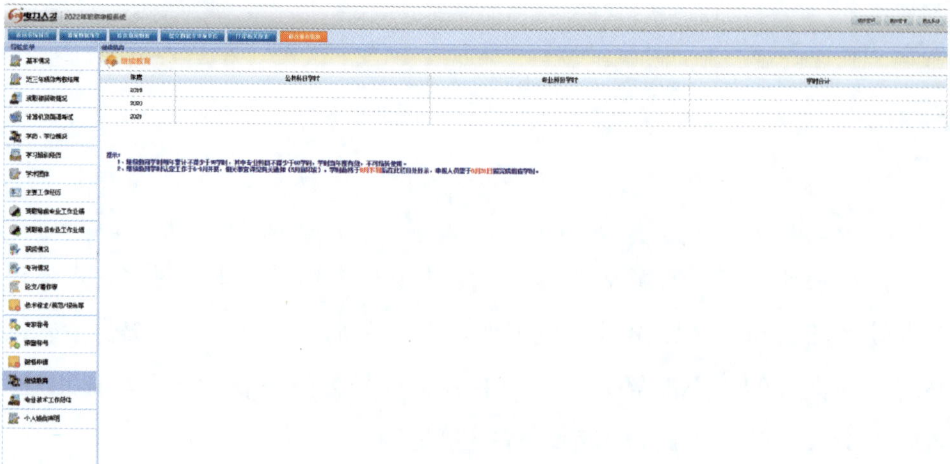

19. 专业技术工作总结

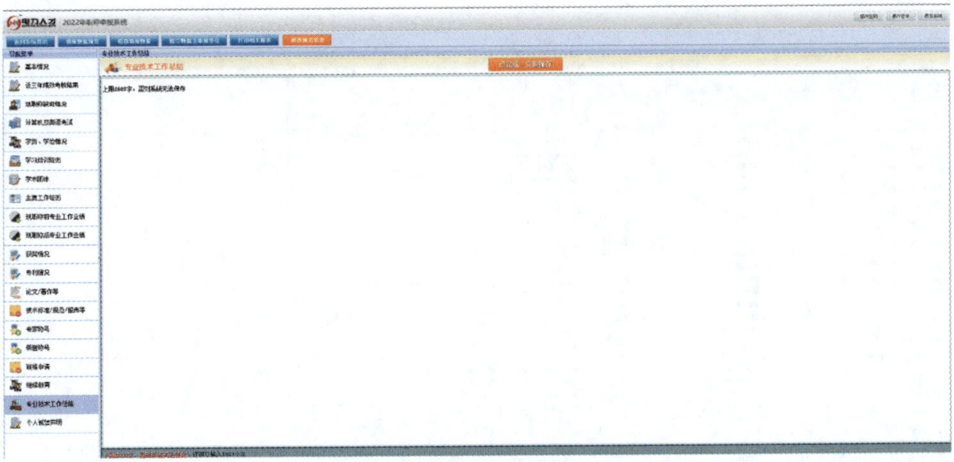

注：指取得现专业技术资格后的个人工作总结，系统字数上限 2000 字。

20. 个人诚信声明

注：申报者需提交“个人诚信声明”，对填报内容及提交材料真实性、准确性负责，如有不实之处，本人需承担相应责任。实行学术造假“一票否决制”，对申报人员弄虚作假等违规违纪行为严肃处理，撤销其取得的职称，原则上 3 年不得申报，情节严重的，追究相关责任。

（四）检查及提交数据

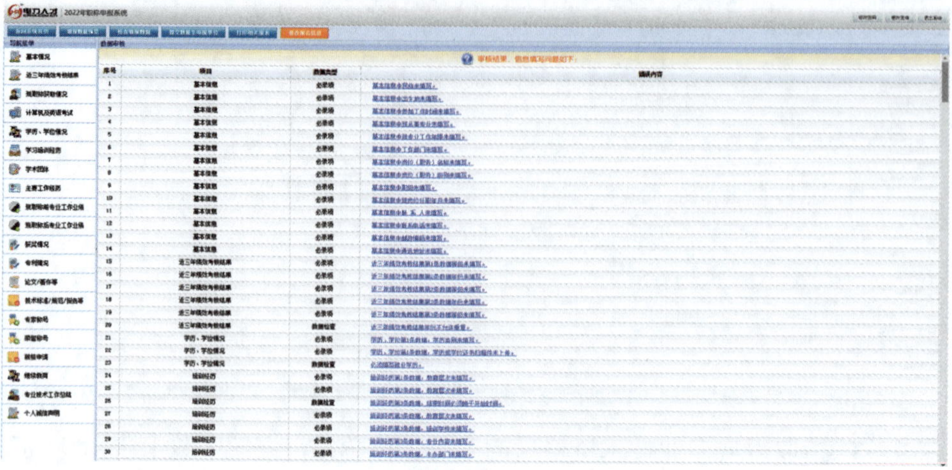

检查填报数据，确认所有信息无误后再提交。

第三章

正高级职称评审申报

第一节 申 报 原 则

（一）公司具备电力工程技术专业正高级职称评审权，申报者需参加公司统一评审，通过其他机构评审取得不予确认。

（二）申报人员应为本单位在职专业技术人员，退休人员不得申报职称。

（三）外单位调入人员，其职称若为具有职称评审权的单位评定或认定的，予以承认；否则，需履行职称评定工作程序，重新评定。

（四）非本专业副高级职称，需同级转评后方可申报电力工程正高级职称。

第二节 申 报 资 格

系列	职称名称	学历要求	年限要求			绩效考核	继续教育	评定方式	其他要求	文件依据
			本科	双学士、硕士	博士					
电力工程系列	正高级工程师	大学本科及以上学历（理工科）	取得副高级职称后本专业年限满5年，且从事本专业年限满15年	取得副高级职称后本专业年限满5年，且从事本专业年限满12年	取得副高级职称后本专业年限满5年，且从事本专业年限满7年	近三年绩效考核结果均为C级及以上	继续教育学时（学分）达到规定要求	答辩+评审	非本专业副高级职称，需同级转评后方可申报	国家电网企管〔2022〕508号文件附件1《国家电网有限公司职称评定管理办法》

补充说明：

（一）时限要求

计算现有职称取得年限、业绩成果取得时间或从事专业技术工作年限的截止时间，均为职称申报年度的12月31日。

（二）学历要求

1. 一般需同时具备理工科专业学历和**工程技术工作经历**。

2. 确实经过中央党校、各省（市、区）党校和境外院校规定学时、课时的学习（有学籍档案），所取得的学历、学位与国民教育学历具有同等效用，在职称评定中应予以承认。

（三）工作年限要求

规定年限是指在取得规定学历的前提下，申报评定相应级别职称必须具备的本专业年限和现职称后本专业年限。“本专业年限”是指截止申报年度12月31日，本人参加工作后所从事的与申报系列一致的专业技术工作累积年限之和。“现职称后本专业年限”是指截止申报年度12月31日，取得现职称后所从事的与申报系列一致的专业技术工作累积年限之和。

1. **转业军人和原公务员**，属于首次参加职称评定的人员，需严格执行规定学历前提下的“本专业年限”：本科毕业后满15年、取得硕士学位后满13年、取得博士学位后满7年，可直接申报评审正高级职称。

2. 符合下列条件之一，可**破格直接申报正高级及以下职称**。

（1）获得国家科技进步奖、技术发明奖、自然科学奖二等奖及以上奖励的主要贡献者。

（2）“百千万人才工程”国家级人选、“国家高层次人才特殊支持计划”人选、“创新人才推进计划”中青年领军人才、国家有突出贡献的中青年专家、享受国务院政府特殊津贴人员、中华技能大奖获得者、全国技术能手等国家级人才。

（3）获得中国专利金奖。

3. **疫情防控**一线专业技术人员**可提前一年**申报正高级职称；获得省部级及以上表彰奖励，**可破格申报高一级**别的职称。

注：疫情防控一线工作情况相关证明及奖励仅 2020 年、2021 年、2022 年有效。

注：公司抗疫一线人员主要指参与抗疫重大项目建设（如雷神山、火神山、方舱医院等电力设施建设、改造及保电工作）、进驻疫情隔离区救护（入赴武汉医疗救护、国外专援）、重要科技项目研发（如疫病防治、疫苗生产关键核心技术研究等）人员。

注：疫情优惠政策不适用于技工院校学历人员和用于申报转系列评审。即疫情优惠政策仅破格年限不破格学历（来自备注）

4. **援藏援疆援青**人员职称申报参照国家相关规定执行。

注：※※援即援派期间工作可算作本专业（申报专业）工作年限计入。

注：※※**援藏援疆援青**人员申报政策遵循保密制度，该类人员申报请咨询上级。

（四）业绩贡献条件要求

取得高级工程师职称后，具备下列业绩贡献条件之一：

1. 作为主要完成人，完成国家 1 项及以上或省部级 2 项及以上大型工程的可行性研究、设计、施工或调试，通过审查或验收。

2. 作为主要完成人，完成国家级 1 项或省部级 2 项科技项目，通过审查或验收，有重大创新性。

3. 作为主要完成人，在科技攻关或工程实践中，解决关键领域技术难题或填补国内同行业某一技术领域空白，并通过省部级及以上有关部门组织的评审或鉴定。

4. 提出科技建议，1 项被国家有关部门或 2 项被省部级有关部门采纳；完成1项及以上在本行业（本系统）推行的技术管理系统工程。经实践检验取得显著成效，对科技进步或专业技术发展有重大促进作用。

5. 获得国家科学技术进步奖1项；省部级科学技术进步奖一等奖1项或二等奖2项或三等奖3项；省公司级科学技术进步奖（主要完成人）一等奖3项或二等奖4项或三等奖4项；优秀设计、优质工程等专业专项奖国家级1项或省部级3项或省公司级（主要完成人）4项。

6. 作为第一发明人，获得具有显著经济和社会效益的发明专利1项或实用新型专利4项，并获省部级及以上专利奖或提供成果转化合同（转化效益证明）。

（五）作品成果要求

取得高级工程师职称后，具备下列作品成果条件之一：

1. 独立或作为第一作者，在公开出版发行的期刊上发表本专业论文3篇及以上，其中核心期刊或被SCI、EI收录的论文至少1篇。上述公开发表的论文，经专家审核，确有创新或对工程工作具有重要指导意义。

2. 作为主要作者，公开出版本专业有较高学术价值或实用价值的著作1部，其中本人撰写部分不少于5万字。

3. 作为主要作者，公开出版本专业有较高实用价值的教材或技术手册2本，其中本人撰写部分不少于5万字。

4. 参与编写或修订省部级及以上电力工程方面的标准、导则、规范、规程等2项（团标或企标3项）及以上，并颁布实施或公开发行。

（六）分支专业要求

申报者选择申报评定的专业一般应以本人所从事的专业及所取得的业绩为依据，并对照相应专业《评审条件》《评定标准》的专业划分自主确定。

“电力工程技术人员”包括从事发电、输电、变电、配电、用电、电网技术、电力环保、电力标准化、电力信息技术等电力工程的**科学研究、规划设计、施工建设和生产运行**的专业技术工作人员。具体分为四类专业，**热能动力工程专业，水能动力工程专业，输配电及用电工程专业，电力系统及其自动化专业**。

分支专业	从事专业
热能动力工程专业	包括发电机、锅炉、汽轮机、燃气轮机、热工过程控制及其仪表、供热与制冷、建筑与安装、物料输送、金属与焊接、火电厂化学、工程测量、环境保护、新型发电技术及其他与热能动力工程有关的专业
水能动力工程专业	包括发电机、水能利用（含水库）、工程地质、水文泥沙、水力机械、水工建筑物、金属结构、水电厂自动化、工程测量、环境保护、新能源发电技术及其他与水能动力工程有关的专业
输配电及用电工程专业	包括电动机、变压器、绝缘技术、高低压电器设备、输电线路和变电站、配电与用电系统及控制、电气测量技术、工程测量、环境保护、电能质量管理及其他与输配电及用电工程有关的专业
电力系统及其自动化专业	包括电力系统规划与设计、电力系统运行与分析、电力系统自动化、继电保护及安全自动装置、电力系统通信及其他与电力系统及其自动化有关的专业

对于一些不易归属的专业，可按如下规定掌握：

1. 各科研院以调试为主和地市公司设计所（室）的工程专业技术人员，可按所从事专业申报“电力工程”生产运行的相应专业。

2. 科研院从事规划设计的工程专业技术人员可按所从事专业申报“电力工程”规划设计的相应专业。

3. 工民建等专业可申报“电力工程”施工建设的相关专业。

4. 从事电力系统通信、计算机应用等专业的工程技术人员，申报职称时根据所服务的对象（专业）确定申报专业。

（七）继续教育要求

根据《国家电网有限公司专业技术人员继续教育管理规定》（国家电网企管〔2021〕70 号），专业技术人员申报职称需满足继续教育学时要求，职称认定前 1 年和评定前 3 年的继续教育年度学时不达标的，不得申报。

年度继续教育时间不少于 90 学时，其中，专业科目不少于 60 学时，且必修公需课目不少于10学时、必修专业科目不少于20学时。部分专业科目学时可通过其他形式折算获得，折算标准按照《专业技术人员继续教育专业科目学时折算标准》执行。

（八）费用要求

国网人才中心统收统支。

1. 报名费。200元/人。申报同一专业、同一级别职称按一次性收取。复审未通过（未达标）和评委会评审未通过人员，报名费自动转入下一年度。

2. 评审费。800元/（人·次）。

第三节　评　审　方　式

依据正高级职称评审条件，严格执行规定学历、年限及业绩要求，采取面试答辩和评审委员会评审方式综合进行评定。

（一）答辩程序

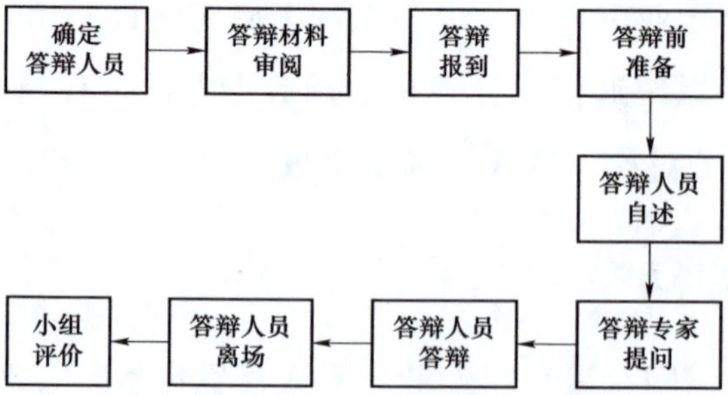

（二）答辩标准

熟练掌握本专业的知识，并对从事的专业方向（或工作领域）有深入的研究；熟练掌握和运用与本专业有关的现行技术法规、技术标准和技术规范；非常熟悉国家有关的法律、法规和技术政策；非常熟悉本专业的国内外技术水平、市场信息和发展趋势；熟悉两个及以上主要相关专业的有关知识及其国内外的现状和发展趋势；非常熟悉现代管理科学等知识。

第四节 评 审 流 程

（一）网上申报

1. 网上报名。职工登录“国网人才评价中心职称管理系统”，进入“2023年职称申报专栏”，填写报名信息。网址：portal.cphr.sgcc.com.cn（内网）；www.cphr.com.cn（外网）。

2. 信息填报。填写个人真实信息，上传本人近期免冠证件标准照片和各类佐证材料扫描件。按照系统提示，确认符合申报条件再交纳报名费。

3. 数据提交。申报者在系统内将数据提交至上级“申报单位”。

4. 准备初审材料。申报者在数据提交后，打印《职称申报初审表》《职称申报公示表》《材料清单》各1份。申报者将相关报表连同与所录入内容相对应的佐证材料的原件及复印件，送所在单位人事部门审查。

注：申报者需在申报时提交全部申报材料。各单位在复审工作开始后，以及整个评审过程中，任何人不得再补交材料。

5. 所在单位初审公示。所在单位人事部门对申报者提交的《职称申报初审表》《职称申报公示表》、佐证材料进行审核。

6. 申报单位审核。申报单位对上报的初审材料及系统中数据进行审核。

注：申报者需在申报时提交全部申报材料。各单位在复审工作开始后，以及整个评审过程中，任何人不得再补交材料。

7. 主管单位审核。各主管单位需登录系统对数据进行**复审**。审核确认后将数据提交至国网人才中心。

8. 在线查询复审结果。国网人才中心进行汇总审核。申报者可登录系统查询复审结果。同时，复审结果将在系统上进行公示。

9. 完成“职称申报”。复审通过人员，通过支付宝或农业银行平台网上支付评审费，系统显示“已交费”状态后，申报者可打印《职称评定表》。交纳评审费超过时限，视为自愿放弃当年评审资格。

（二）提交正式版申报表

1. 打印《职称评定表》《材料清单》，将评定表装档案袋并封面粘贴《材料清单》后报送所在单位人事部门审核签章。

2. 所在单位人事部门审核材料并报送申报单位。

3. 申报单位对材料审核签章并报送主管单位。

4. 主管单位对材料审核签章并进行汇总。

（三）评审阶段

依据正高级职称评审条件，严格执行规定学历、年限及业绩要求，采取面试答辩和评审委员会评审方式综合进行评定。

（四）公开审查阶段

评审通过名单公示 5 个工作日。

（五）发文认证阶段

国网人才中心印发职称通过文件、印发职称证书并将通过职称评定名单转入“历年职称备查库”。

第五节　系 统 操 作 说 明

（一）注册登录

用 Google 浏览器登录电力人才网站 www.cphr.com.cn 内外网同步。

填写个人基本信息，其中工作单位填写劳动合同单位的全称。

正确选择专业系列，根据本人岗位和业绩选择分支专业。与现职称资格专业方向一致，并根据满足申报条件项对应选择申报方式。“申报单位”务必正确选择本人所在地市级公司。

申报方式：含正常申报、同级转评、转业军人、公务员调入、技能人员申报职称五类。

正常申报晋级： 正常晋级申报。如：副高级工程师→正高级工程师。

转业军人： 首次参加职称评定的军队转业干部。

公务员调入：首次参加职称评定的原公务员身份人员。

确认个人信息无误后提交。注册完成后进行个人登录。如果往年报过，重新注册后，往年填写的内容会自动同步到本人账户里。

（二）报名缴费

在业绩提交前及时完成报名费缴费。完成缴费后，状态显示“已缴费”。

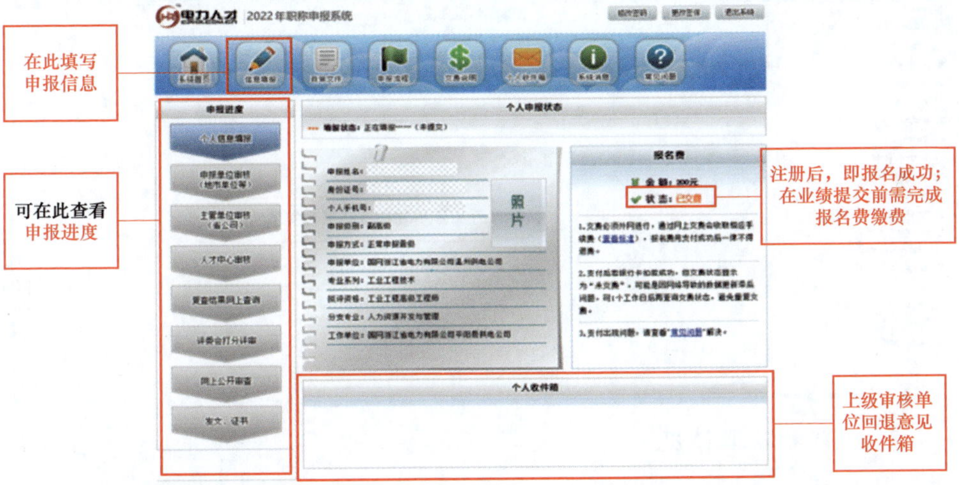

（三）信息填报

1. 基本情况

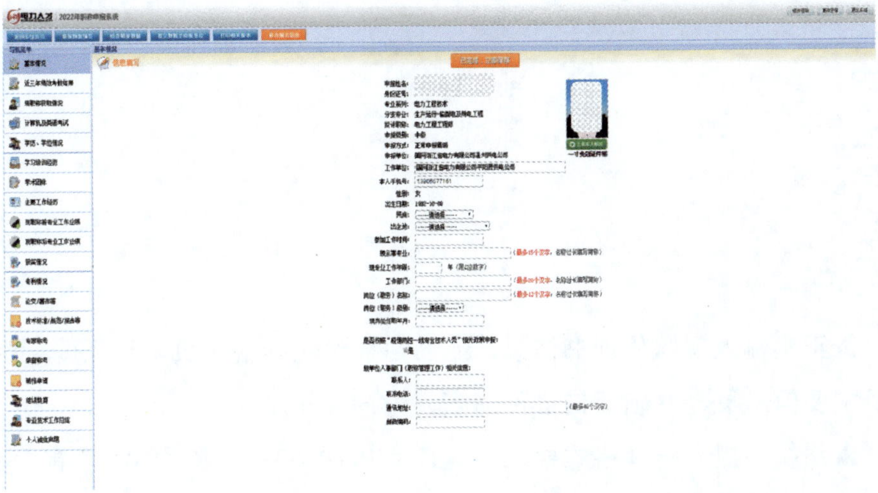

▲“现从事专业”是指现从事与申报专业相关的专业。

▲“现专业工作年限”是指截止申报年度12月31日，本人参加工作后所从事的与申报系列一致的专业技术工作累计年限之和。

2. 近三年绩效考核结果

▲如实填写近三年绩效考核结果。

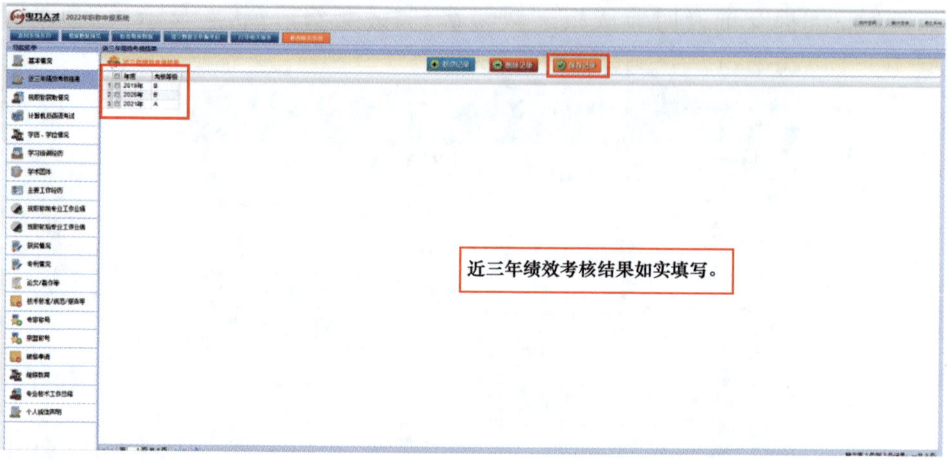

3. 现职称获取情况

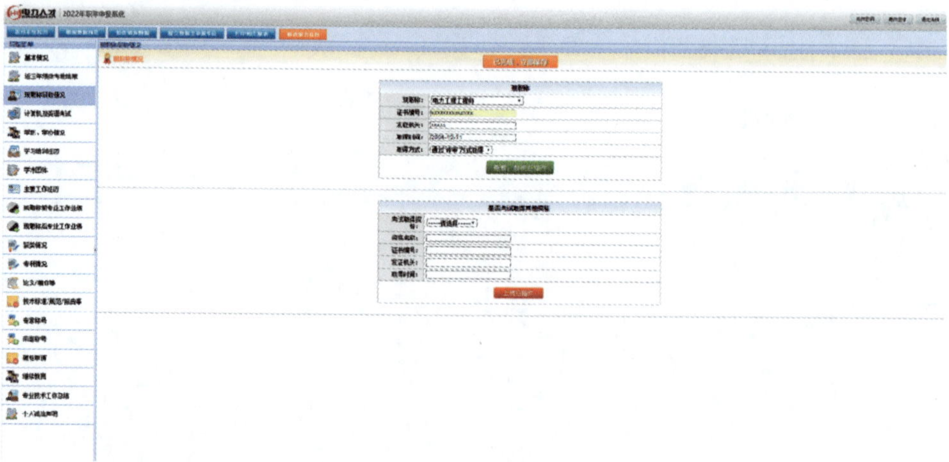

▲正确输入现职称证书信息。证书扫描件包括编码页、照片页、姓名页及主要信息页，并确保扫描件清晰、方向端正。

▲系统中提交附件格式要求：格式：JPG.PNG；命名：不能含有中文。

数字、字母构成。其他资格模块里可上传其他证书。

4. 学历、学位情况

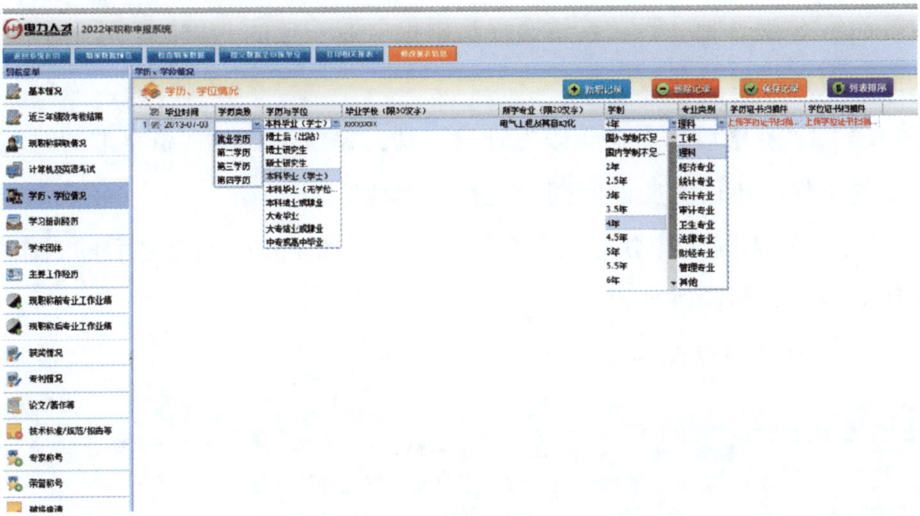

▲填写学历、学位情况，上传证书扫描件，确保方向端正、清晰，并保存记录。

▲系统自动测试学历是否符合条件。就业学历为必填项，学历按照时间顺序填写，每个学历只能填写一次。

注：学历证书等审核需注意：系统要求上传原件扫描件，如原件丢失，则需所在单位人资部盖章签字后上传即有效。

5. 主要工作经历

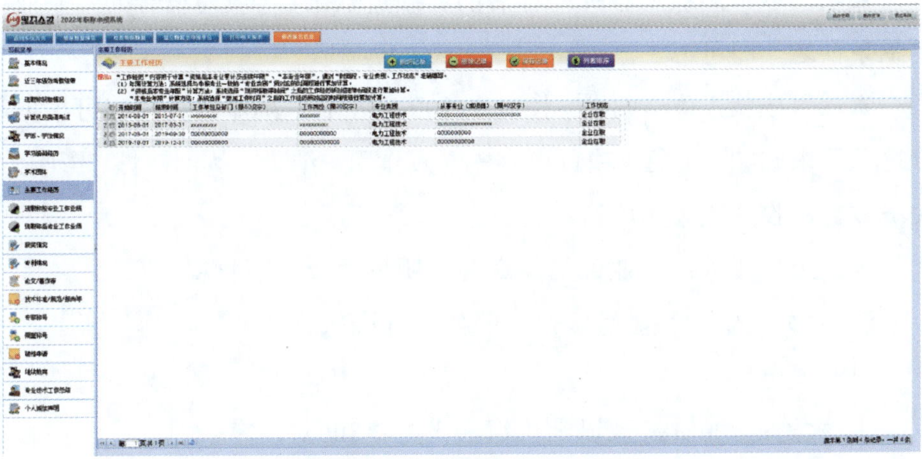

“工作经历”内容用于计算“资格后本专业年限”“本专业年限”，请对“时间段、专业类别、工作状态”准确填写。

（1）年限计算方法：系统选择与申报专业一致的“专业类别”所对应的时间段进行累加计算。

（2）“资格后本专业年限”计算方法：系统选择“现资格取得时间”之后的工作经历所对应的时间段进行累加计算。

“本专业年限”计算方法：系统选择“参加工作时间”之后的工作经历所对应的时间段进行累加计算。

6. 现职称后专业工作业绩

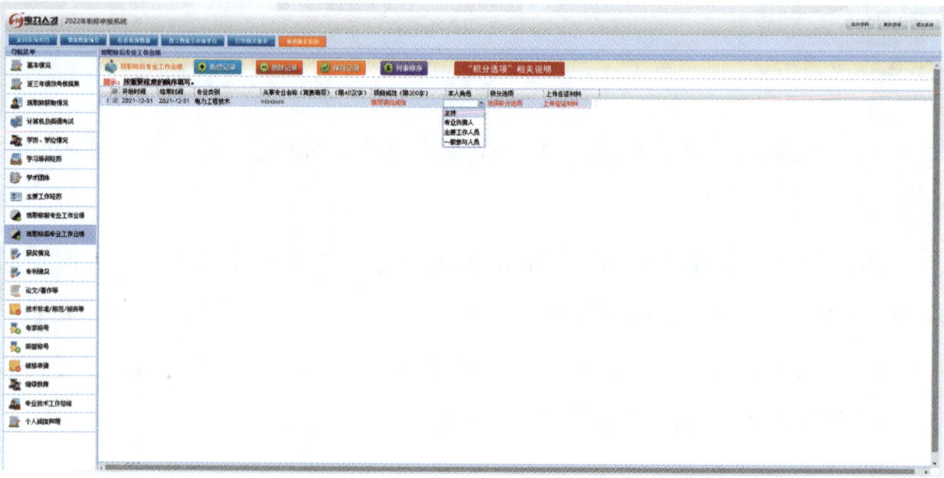

▲填写取得高级工程师职称后的业绩贡献条件（填写符合的六条业绩贡献条件之一即可）。

▲项目成就：总结归纳，控制在 100 字左右。具体填写内容可根据积分选项要求归纳。角色+项目内容+本人作用+结论。从创新性、影响力、经济效益、收益成果角度写结论。

佐证上传要求：专业部门盖章的证明页面及证明材料。

注：*大、中、小型等级，参照如下标准执行：

（1）发电厂。

① 大型：300MW 及以上机组（大型≥300MW）；

② 中型：100～300MW 机组（300MW＞中型＞100MW）；

③ 小型：100MW 及以下机组（小型≤100MW）。

（2）变压等级。

① 大型：220kV 以上（大型＞220kV）；

② 中型：220kV（中型＝220kV）；

③ 小型：110kV 及以下（小型≤110kV）。

（3）企业规模。

① 大型：省公司等同级及以上单位（大型≥省公司等同级单位）；

② 中型：地区等同级单位（中型＝地区等同级单位）；

③ 小型：县级等同级单位（小型＝县级等同级单位）。

业绩成果的“主要贡献者（主要完成人）”，需是排名靠前的第一、二完成人及主要完成（参加）者。若排名靠后，但确系主要完成（参加）者，需提供本人所在单位主管部门出具的正式文件。该文件，需后附第一、二完成人分别亲自撰写并签名的“证明书”。文件及“证明书”需表明在该项目中被证明人承担任务的内容、重要程度及排名位次和排名靠后的原因，以及其他获奖人员名单（如获奖人数超过 15 人，可仅列出前 15 人名单并注明获奖总人数）。

7. 专利情况

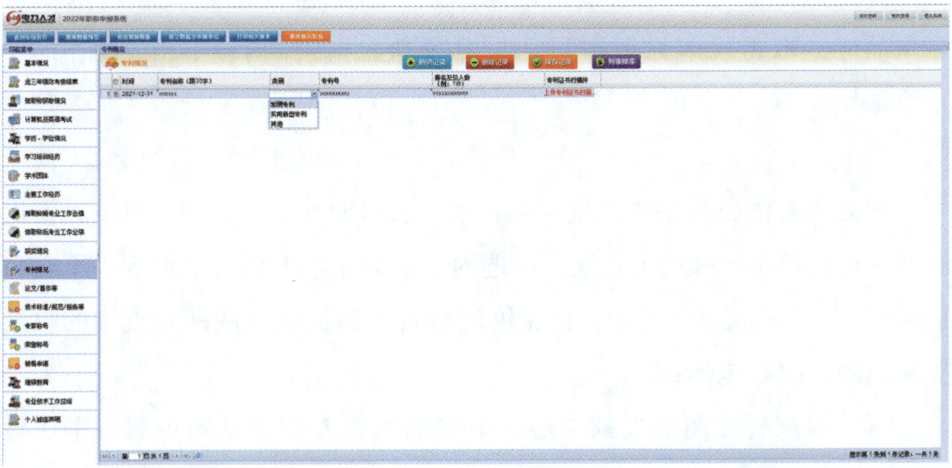

注：（1）仅限于已授权且在有效期内的专利，海外专利不予认可。需提供专利授权证书。

（2）提供专利获奖证书或成果转化合同或转化效益证明。

8. 论文/著作等

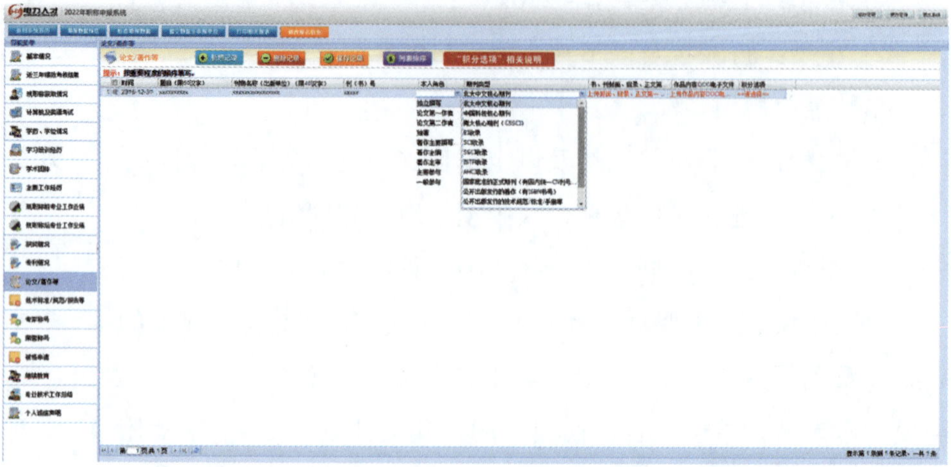

▲填写取得高级工程师职称后的作品成果条件（填写符合的四条作品成果条件之一即可）。

注：严厉打击论文代写代发、虚假刊发等违纪违规行为，对于抄袭、剽窃、不当署名等学术不端行为，按照有关规定处理，撤销取得的职称，并记入职称申报评审诚信档案库。申报者提交的论文和技术报告等作品应为取得现职称后撰写且与申报专业相关，内容不相关的作品属无效作品。

其中：

论文或著作必须是正式发表或出版，录用通知不予认可。申报时需提供书、刊的封面、目录（交流或评选的证书）和本人撰写的内容，不必将整本书、刊一同提交，**其中，论文佐证材料还需提供权威网站查询的收录情况截图。内容包括：**

（1）国家科技图书文献中心、中国知网、万方数据知识服务平台检

索的同期期刊封面。

（2）上述网站检索的同名期刊基本信息截图。

（3）上述网站检索的同期期刊内本篇文章收录截图。

注：以下为常见的假期刊名称：《科学与生活》（汉语版）、《电力设备》（2008年已停刊）、《中国电业》（杂志名称只有“中国电业”四个字）、《中国电业－发电》《中国电业技术》《当代电力文化》（旬刊、半月刊）。

“核心期刊”**以北京大学的“北大中文核心期刊”、南京大学的“南大核心期刊（CSSCI）”、中国科学技术信息研究所的“中国科技核心期刊”、中国人文社会科学学报学会的“中国人文社科学报核心期刊”、中国社会科学评价中心的“中国人文社会科学期刊评价报告”、中科院文献情报中心的“中国科学引文数据库（CSCD）来源期刊列表”目录为准。职称申报系统已增加核心期刊查询按键。**

SCI收录或EI收录的文章需提供有大学图书馆或教育部科技查新工作站盖章的收录证明，且注明查新工作人员姓名和电话。核心期刊目录每隔几年会根据期刊的质量和权威性进行动态调整，审核人员应审核该期刊刊发当年是否在核心期刊目录总览中。

“有正式刊号的普通期刊”审查以封面或版权页上有ISSN和CN的组合字样出现为准。可在国家新闻出版署或中国知网、万方数据等期刊数据登录网站查到。

“省（市、区）批准的内部准印期刊”审查以封面或版权页上有“×内资准字”出现为准（如：《电力人力资源》，为“京内资准字9908－L0825”）。

“学术会议上发表”必须要有学术会议主办部门的证明页。

“著作”审查以有正规的出版社为准。佐证材料要求著作封面、版权页、编委页、目录页、正文节选、出版单位出具的字数证明。

注：论文、著作、技术报告等审查要求：

（1）论文类提供：期刊（公开出版的会议论文集）封面、版权页、目录页、论文正文、SCI（EI）检索证明以及**权威网站查询的收录情况截图**。

（2）著作类提供：封面、版权页、编委页（本人角色页）、目录页、正文节选。

（3）教材或技术手册类提供：封面、版权页、编委页（本人角色页）、目录页、正文节选。

9. 破格申请

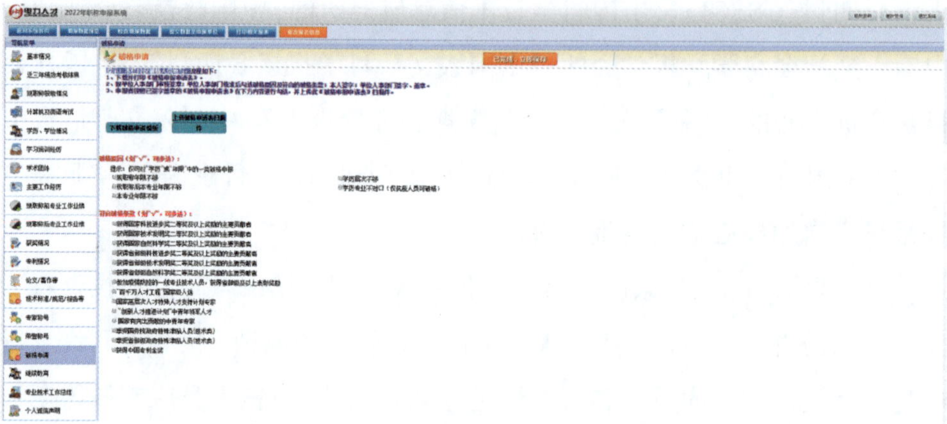

单位需提供申报人员疫情防控一线工作情况相关证明（包括工作具体内容及成效，仅2020年、2021年、2022年有效），并报省公司级单位人事部门审核、盖章。申报人员将签字盖章的“证明”扫描后在申报系统中上传，纸质版原件作为申报材料提交。

疫情防控一线专业技术人员获得省部级及以上表彰奖励（仅2020年、2021年、2022年有效），可破格申报高一级别的职称。申报人员在“获奖情况”栏目中对相应奖励进行填报，并提供《破格申请申报表》，需按照“破格申报人员”流程完成相关工作。

10. 继续教育

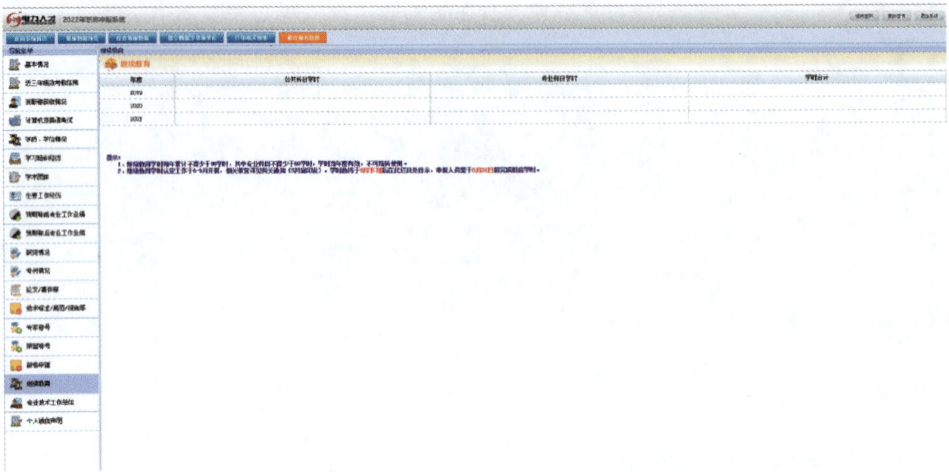

11. 专业技术工作总结

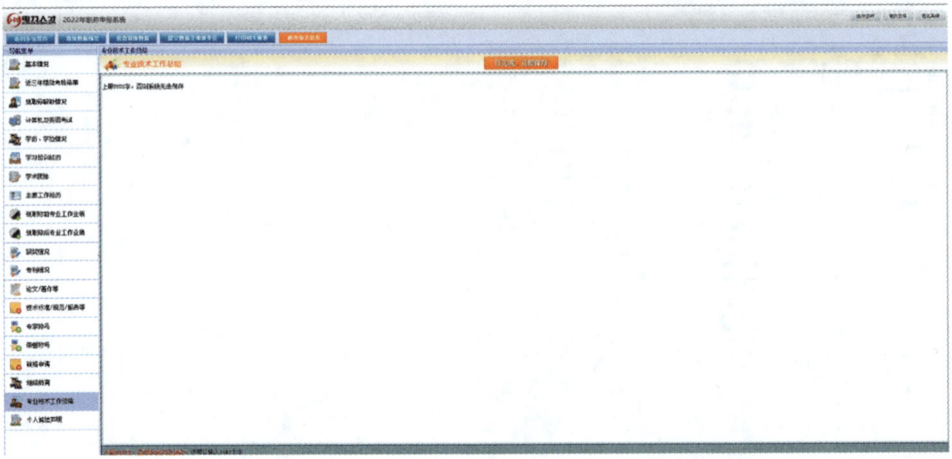

注：指取得现专业技术资格后的个人工作总结，系统字数上限2000字。

12. 个人诚信声明

注：申报者需提交“个人诚信声明”，对填报内容及提交材料真实性、准确性负责，如有不实之处，本人需承担相应责任。实行学术造假“一票否决制”，对申报人员弄虚作假等违规违纪行为严肃处理，撤销其取得的职称，原则上3年不得申报，情节严重的，追究相关责任。

（四）检查及提交数据

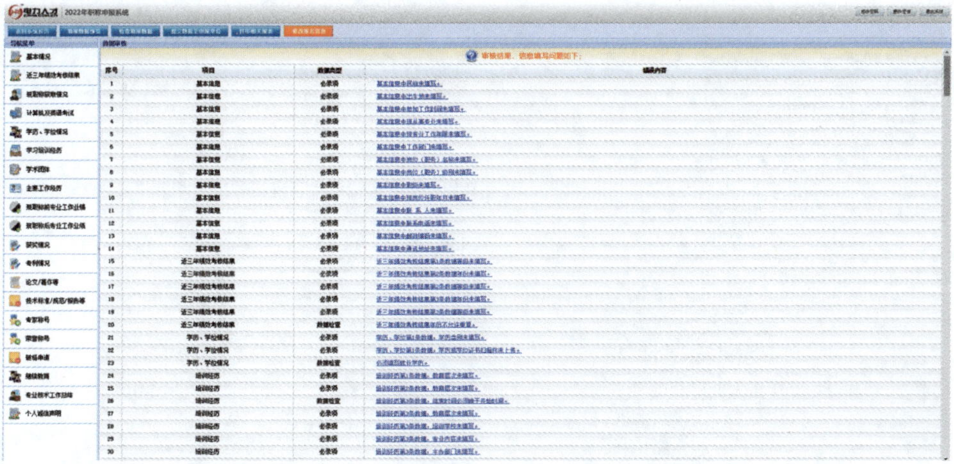

检查填报数据，确认所有信息无误后再提交。